D0433150

MAIGRIR:
LA FIN DE L'OBSESSION

Couverture

- Conception graphique:
  Katherine Sapon
- Photo:
  Maryse Raymond
- Mannequin:
  Suzanne Méthé
- Maquillage:
  Geneviève Bonneau
- Coiffure:
  Jacques Robidoux

DISTRIBUTEURS EXCLUSIFS:

- Pour le Canada:
  AGENCE DE DISTRIBUTION POPULAIRE INC.*
  955, rue Amherst, Montréal H2L 3K4 (tél.: 514-523-1182)
  * Filiale de Sogides Ltée

- Pour la France et l'Afrique:
  INTER FORUM
  13, rue de la Glacière, 75013 Paris (tél.: (1) 43-37-11-80)

- Pour la Belgique, le Portugal et les pays de l'Est:
  S. A. VANDER
  Avenue des Volontaires, 321, 1150 Bruxelles
  (tél.: (32-2) 762.98.04)

- Pour la Suisse:
  TRANSAT S.A.
  Route des Jeunes, 19, C.P. 125, 1211 Genève 26
  (tél.: (22) 42.77.40)

MAIGRIR:
LA FIN DE L'OBSESSION

SUSIE ORBACH

**Traduit de l'anglais
par Sylvie Dupont**

Données de catalogage avant publication (Canada)

Orbach, Susie, 1946 –

Maigrir: la fin de l'obsession

Traduction de: Fat is a feminist issue II.

ISBN 2-7619-0766-3

1. Obésité – Aspect psychologique. 2. Amaigrissement – Aspect psychologique. 3. Femmes – Santé mentale. 4. Habitudes alimentaires. I. Titre.

RC552.O25O7214 1988 616.3'98'0019 C88-096339-5

Édition originale: *Fat is a Feminist Issue II*
Berkley Publishing Corporation
(ISBN: 0-425-05642-2)

Bibliothèque nationale du Québec
Dépôt légal — 3e trimestre 1988

ISBN 2-7619-0766-3

À Clair Chapman
et à la Spare Tyre Company

Remerciements

Mes remerciements à Sara et à Ed Lebar pour le chaleureux accueil qu'ils m'ont réservé; à Judy Lever pour nos discussions sur la compulsion alimentaire et la grossesse; à toutes les femmes qui ont répondu à mon questionnaire; à Mira Dana; au centre de thérapies pour les femmes; et à Sara Baerwald, Sally Berry, Carol Bloom, Luise Eichenbaum, Joseph Schwartz et Gillian Slovo dont j'ai grandement apprécié la sollicitude.

Introduction

Depuis la publication de *Maigrir sans obsession* à l'automne 1984, des centaines de femmes m'ont écrit au sujet de leurs problèmes d'alimentation. Un grand nombre de ces lettres m'ont fait voir que les femmes ressentaient le besoin de conseils pratiques plus élaborés et plus détaillés pour mettre en pratique les idées avancées dans mon ouvrage. Mira Dana, étudiante au Women's Therapy Centre de Londres, a préparé avec moi un questionnaire visant à identifier les obstacles auxquels se heurtaient les groupes d'entraide qui tentaient d'appliquer les théories exposées dans mon livre, ainsi que les problèmes spécifiques des femmes qui tentaient seules cette expérience. Ce questionnaire fut expédié à des femmes qui avaient participé à des ateliers d'initiation à la méthode de *Maigrir sans obsession*. Cette méthode étudie la signification de la nourriture dans la vie de chaque femme et les associations inconscientes liées aux images de minceur et d'obésité. Elle permet de traiter le syndrome de la compulsion alimentaire en apprenant aux femmes à distinguer la faim physiologique de la faim émotive et à répondre adéquatement à chacune. Après avoir analysé les résultats de ce questionnaire et réfléchi sur les questions qui revenaient le plus souvent chez les animatrices de groupes que je formais à cette méthode, j'ai décidé d'écrire *Maigrir: la fin de l'obsession*. Ce deuxième ouvrage se veut un guide pratique très concret, qui aidera à vaincre les obstacles et les résistances que rencontrent de nombreuses femmes lorsqu'elles essaient de régler leur problème d'alimentation.

À l'heure actuelle, en Amérique du Nord, plusieurs millions d'individus, hommes ou femmes, suivent un régime ou se soumettent d'une manière ou d'une autre à une méthode d'amaigrissement. Malheureusement, nous savons que, quelle que soit la méthode, très peu de gens obtiennent des résultats satisfaisants et durables. Quatre-vingt-dix-sept pour cent de ces personnes reprendront les kilos qu'elles ont mis tant d'efforts à perdre, et celles pour qui dès le départ maigrir n'était pas une nécessité continueront à entretenir une relation tendue avec la nourriture et à surveiller constamment leur poids. Ce livre vous indique une autre manière d'affronter le dilemme des régimes: il vous propose d'examiner les causes de votre obésité et les raisons qui motivent votre désir d'être mince, vous permettant ainsi de vivre en plus grande harmonie avec votre corps.

Comment utiliser ce livre

Le texte de la première partie et les exercices psychologiques de la deuxième partie de ce livre sont conçus pour être utilisés parallèlement. Dans la deuxième partie, vous rencontrerez à l'occasion le symbole * qui annonce l'utilisation d'un exercice psychologique. Je vous conseille de lire une fois le livre en entier pour avoir une idée d'ensemble de la méthode et du rôle des exercices et de travailler ensuite section par section en fonction de vos besoins. Les exercices vous aideront à prendre conscience de certaines émotions que vous vous cachiez peut-être jusqu'ici et qui découlent de vos sentiments face à votre corps et à la nourriture.

Tenir un journal

Tout au long de votre travail sur votre compulsion alimentaire — qu'il s'agisse de vos exercices psychologiques, de vos réflexions à propos des thèses exposées dans ce livre ou de vos observations quotidiennes sur votre comportement alimentaire —, il pourra vous être très utile de tenir un journal ou un carnet de notes où vous consignerez vos réactions au fur et à mesure; dès que vous faites une découverte ou une constatation, notez-la immédiatement avant de l'oublier ou de la repousser inconsciemment. Ce journal se révélera particulièrement important pour les femmes qui travaillent seules et ne peuvent donc se fier qu'à elles-mêmes: elles s'en serviront lors de leurs sessions quotidiennes ou hebdomadaires. Vous disposerez ainsi d'un compte rendu de votre évolution et vous pourrez le consulter de temps en temps pour juger de vos progrès.

Vous constaterez que certains chapitres du livre s'adressent plus particulièrement aux groupes. La majeure partie de leur contenu convient cependant tout aussi bien aux femmes qui travaillent seules ou à deux. Certains aspects pratiques du travail en groupe ne s'appliquent pas au travail individuel; toutefois, le fait d'en prendre connaissance pourra vous permettre de juger des avantages du travail en groupe.

Bien que ce livre soit complet en lui-même, je n'ai pas essayé d'y exposer en détail tous les concepts que j'ai élaborés dans *Maigrir sans obsession*; vous aurez intérêt à lire cet ouvrage si vous désirez approfondir les fondements théoriques de notre méthode. Quant au présent volume, il s'attardera davantage aux interventions concrètes et aux travaux pratiques qui vous permettront de résoudre votre problème d'alimentation compulsive.

PREMIÈRE PARTIE

CHAPITRE PREMIER

Les racines du problème

S'il s'agit d'un comportement habituel, la compulsion alimentaire peut devenir un problème douloureux et de plus en plus envahissant, presque un mode de vie. Les personnes qui en souffrent risquent d'être étouffées par ce syndrome qui les conduit à passer des heures et des heures à se tourmenter jusqu'à l'obsession pour savoir ce qu'elles devraient ou ne devraient pas manger et à quel moment elles peuvent se le permettre, au point de ne plus être capables de vraiment goûter la nourriture ou d'en retirer un plaisir réel. Pour la mangeuse compulsive, la nourriture n'est jamais une source de joie et de satisfaction sans mélange; elle devient un palliatif qui l'aide, momentanément, à supporter ses angoisses et sa détresse émotionnelle, une drogue qui soulage l'anxiété causée par des sentiments étouffés et réprimés. Les mangeuses compulsives ne réagissent pas aux signaux physiologiques de la faim et de la satiété; elles recourent à la nourriture pour combler toutes sortes de besoins créés par des désirs et des problèmes inconscients. Le fait de manger de façon compulsive et de se préoccuper sans cesse de son rapport avec la nourriture camoufle des problèmes latents.

La plupart des traitements offerts par les médecins et les diététistes aux personnes jugées trop grosses ou trop maigres consistent surtout à modifier leur alimentation. Voici la stratégie utilisée: éduquer le patient ou la patiente (généralement, il s'agit d'une femme) et l'amener à comprendre qu'il ou elle ne peut consommer au-delà de ses besoins physiques sans engraisser. Si cette approche éducative n'a pas le succès attendu parce que la patiente ne respecte pas les instructions reçues, elle sera réprimandée. Et si cela ne suffit pas, on lui proposera toute une gamme de solutions artificielles, allant des produits destinés à diminuer l'appétit au brochage des mâchoires. Mais comme le mangeur compulsif a un comportement de drogué devant la nourriture et les schémas de privation et de gavage, il est bien rare que ce genre de traitement lui permette de modifier fondamentalement ses habitudes alimentaires. Bien des gens arrivent à maigrir — parfois facilement, parfois au prix d'énormes efforts —, mais généralement ils ont bien du mal à garder leur ligne. Il est fort probable que, dans leur quête désespérée d'une solution, ces personnes se tourneront vers une clinique d'amaigrissement, un médecin généraliste ou un spécialiste de l'obésité, si ce n'est vers le dernier régime miracle ou le gadget le plus en vogue, pour tenter de nouveau de maigrir. *Bref, leur problème d'alimentation n'est pas réglé.*

Bien que les théories des livres de régimes, des médecins et des organismes spécialisés paraissent relativement logiques — donner la bonne quantité du bon carburant à un engin particulier —, bien peu de gens parviennent à une vision aussi utilitaire de la nourriture. Ce qu'il faut donc examiner, ce sont les significations que chaque personne attribue à la nourriture. La nourriture que nous absorbons, notre manière de manger et notre relation avec les aliments reflètent notre personnalité; tout cela nous vient en grande partie de ce que nous avons appris dans notre famille, de comment nous nous sentions à la table familiale, dans la cuisine avec notre grand-mère, etc. Le repas familial exprimait la signification sociale de la nourriture. Les repas sont des rituels de rassemblement de la famille et des amis. La nourriture prend toutes sortes de significations, selon les individus et leur appartenance sociale.

Les femmes comme nourricières

Dans la vie des femmes, la nourriture a d'autres significations spécifiques: traditionnellement, ce sont elles qui choisissent, achètent et préparent les aliments. Elles sont chargées de voir à ce que les besoins alimentaires de la famille soient comblés adéquatement; on s'attend à ce qu'elles préparent trois repas quotidiens et satisfassent tout besoin alimentaire plus spécifique; elles doivent gérer le budget familial avec assez de compétence pour pallier des problèmes économiques comme ceux que tant de familles connaissent en ce moment, et continuer à satisfaire les besoins nutritifs des membres de leur famille sans que ceux-ci se sentent privés de leurs aliments favoris. En d'autres termes, les femmes sont au coeur de l'alimentation de toute la maisonnée; c'est sur elles que repose la responsabilité première de la santé et du bien-être de toute la famille. Comme les femmes de cette génération ont été élevées dans la perspective d'assumer ces responsabilités, celles-ci risquent fort de leur incomber même si elles vivent des relations ou un mariage non traditionnels. En fait, la psychologie féminine est ainsi modelée qu'une part importante de l'estime que les femmes se portent à elles-mêmes est intimement liée à leur capacité d'être bonnes nourricières — au même titre que l'estime qui est associée pour les hommes à leurs aptitudes professionnelles et à leur capacité d'être de bons pourvoyeurs.

Si l'on jette un coup d'oeil sur à peu près n'importe quel magazine qui s'adresse aux femmes, que ce soit à la femme de la classe ouvrière, à la ménagère à faible ou moyen revenu, ou à la professionnelle et à la femme d'affaires, on constatera que cette publication regorge de réclames provenant de l'industrie alimentaire et de textes sur la manière de servir des repas économiques, rapides à préparer, naturels, sains, attrayants ou raffinés. Page après page, les femmes sont confrontées à des rappels plus ou moins subtils de leur responsabilité première: nourrir les autres. Un postulat séculaire veut que les femmes soient, presque par vocation biologique, les nourricières par excellence. (Pensez à votre réaction devant un homme qui est bon cuisinier: ne trouvez-vous pas qu'il a quelque chose de «spécial»?) Mais en même temps, les médias lancent aux femmes un autre message à peine voilé: elles ne peuvent se permettre de se fier à leur jugement pour choisir les aliments appropriés: elles ont constamment besoin des conseils d'«experts». Dans ce domaine crucial de leur existence, on considère que les femmes risquent toujours de commettre des erreurs. Libby's ou Nestlé en savent toujours plus long qu'elles. Et si le message n'est pas subtil, il laissera au moins entendre qu'une nourricière, si bonne qu'elle soit, ne le sera jamais assez.

En plus de lui demander de répondre adéquatement à des besoins nutritifs, on incite la femme à exprimer l'originalité de sa personnalité par le biais de la nourriture qu'elle prépare. La nourriture devient le médium d'expression de nombreuses émotions: elle prouve que la femme aime sa famille, s'intéresse à elle et à son bien-être. La valeur de la femme dépend en grande partie de sa capacité à produire des repas, des goûters et des pique-niques agréables à l'oeil, économiques, nutritifs et délicieux.

Le rôle traditionnel de la femme dans le domaine de la nourriture, un rôle de service, traduit tant sur le plan réel que sur le plan symbolique la relation des femmes avec la famille et avec le reste de la société. Les deux sexes sont toujours considérés comme inégaux des points de vue sexuel, économique et légal. Les femmes sont toujours reléguées à une sphère particulière de l'activité humaine alors que les hommes en occupent une autre, celle-là beaucoup plus valorisée économiquement et socialement. En fin de compte, s'occuper du foyer et de la famille, mettre des enfants au monde et les élever, satisfaire les besoins du mari, laver, nettoyer, nourrir et soigner toute la maisonnée, etc. sont autant d'activités encore *perçues* comme la seule véritable source de satisfaction des femmes et comme leur domaine par excellence. La femme d'aujourd'hui, qui a été soumise à toutes ces pressions et qui essaie maintenant de s'épanouir par le biais de son emploi ou de sa carrière, est souvent habitée par toute une gamme de sentiments ambivalents et complexes vis-à-vis d'elle-même et de son corps. Elle risque de se sentir coupable de sacrifier la famille à son travail, ou encore de se résigner à des choix douloureux et limitatifs pour se consacrer à son foyer. Et si elle tente de concilier les deux rôles, elle s'expose à l'amertume car, trop souvent, ses proches ignoreront les terribles exigences de ce défi. Lorsqu'elle essaie de résoudre ce dilemme, elle le fait dans un contexte émotif déterminé depuis l'enfance, qui lui rappelle sans cesse que, pour être une vraie femme, elle doit avoir un homme dans sa vie. Or, pour trouver cet homme, elle doit être jolie et attirante.

Nous sommes coupées de notre corps

Le corps féminin devient dès lors pour la femme un instrument, une commodité qu'elle peut et doit utiliser, compte tenu de ce qu'est notre société, pour se tailler une place et satisfaire ses besoins. Les femmes apprennent très tôt que le corps féminin ne peut être habité en tout agrément et en toute sécurité. Rares sont les mères et les autres femmes adultes qui sont à même de transmettre à une jeune femme l'assurance que son corps, quelle que soit sa forme naturelle, est source de beauté et de fierté; la plupart du temps, elles sont elles-mêmes incapables de l'envisager ainsi. Nous apprenons au contraire que notre corps a un pouvoir néfaste: celui de déséquilibrer les hommes et de nous attirer d'innombrables ennuis. Il n'est donc pas étonnant que nous en venions à le craindre et à le percevoir non plus comme un lieu de notre vie mais comme une partie de nous que nous devons maîtriser, surveiller et diriger.

C'est ce qui explique que nous nous regardions automatiquement d'un oeil critique. Le corps d'une femme doit toujours être retouché et embelli: nos jambes, nos cheveux, nos seins, notre peau, notre cellulite risquent d'être inconvenants s'ils nous écartent de l'idéal féminin. Dans ce contexte, il est presque inévitable que nous nous sentions étrangères à notre corps et qu'il nous effraie. Pour les femmes, le corps est l'un des seuls moyens d'expression socialement acceptable et, encore là, cette possibilité de s'exprimer est limitée par un obstacle de taille: les pressions exercées sur nous pour que nous correspondions à une image extérieure à nous, en l'occurrence l'idéal féminin de la minceur.

La nourriture est destinée aux autres

Cette situation amène la femme à se concentrer d'une façon démesurée sur la nourriture et sur l'apparence physique. Pour être féminine, elle doit projeter une image attirante, ce qui de nos jours est synonyme de minceur. Tout cela donne une signification particulière à la nourriture dans la vie d'une femme. La nourriture, c'est ce qu'elle donne *aux autres* et dont elle doit se priver elle-même. La nourriture est bonne *pour les autres* mais plus ou moins dangereuse pour elle. La nourriture est un facteur de santé *pour les autres* et un danger pour sa beauté à elle. La nourriture, lui répète-t-on, peut nuire considérablement aux femmes: celles-ci ne doivent donc la consommer qu'avec une extrême prudence. La nourriture peut rendre la femme grosse, difforme, laide, dévoiler ses désirs et sa gourmandise. La nourriture, symbole de générosité si elle est préparée pour les autres, prend un visage sinistre si ce sont des femmes qui la consomment. Et pourtant, la nourriture, en tant que moyen par excellence de prendre soin *des autres*, représente le pouvoir de la femme dans la famille, lui permet d'exercer une énorme influence; la nourriture est source de confort, de sécurité, de gratification.

La nourriture a tant de significations complexes pour les femmes qu'il est absurde de ne s'occuper que de calories et d'hydrates de carbone lorsqu'on cherche à perdre du poids. Les racines de la compulsion alimentaire chez les femmes plongent au coeur de leur situation sociale — elles nourrissent tout le monde mais leurs besoins ne sont pas considérés comme légitimes. La nourriture peut alors devenir un moyen de protester contre les limites de leur rôle social. L'obésité, en tant que moyen de communication non verbale, peut exprimer l'importance, la force, la maternité toute-puissante, la solidité. La minceur, synonyme de beauté et d'attrait sexuel, reste fuyante. De nombreuses femmes vivent leur obésité comme un rejet de la sexualité stéréotypée qu'on tente de leur imposer. Il nous faut donc décoder la signification de l'obésité et déchiffrer son symbolisme individuel si nous voulons comprendre pourquoi une femme a choisi de s'exprimer par le biais de la nourriture et de son image physique. Ne s'intéresser qu'aux calories dans un tel contexte n'est tout simplement pas réaliste. C'est sur la *signification* de la nourriture que l'accent doit être mis pour comprendre, puis corriger les distorsions des schémas psychologiques fondamentaux. Si nous réfléchissons, ne serait-ce que quelques minutes, sur la signification de la nourriture dans nos vies, nous débordons largement de la question des calories et nous découvrons qu'elle est associée à des sentiments de plaisir, de communication, de peur, d'amour, etc. Cette exploration des thèmes associés à la nourriture et à l'image physique peut permettre à la mangeuse compulsive d'établir une relation positive avec les aliments.

Note sur l'anorexie

La majeure partie de ce que j'ai écrit dans ce volume et dans *Maigrir sans obsession* ne s'applique que de très loin aux femmes dont la compulsion alimentaire se traduit par des symptômes anorexiques. Les différences les plus évidentes tournent autour de la notion de contrôle et de responsabilité face à la nourriture. Toute femme ayant souffert d'anorexie aura sans aucun doute l'impression que ses problèmes d'alimentation ne sont pas cernés avec précision. Ce qu'elle vit, c'est la nécessité d'un contrôle absolu. Elle est à tel point effrayée par la nourriture qu'elle a élaboré toutes sortes de stratégies, allant parfois jusqu'à une surveillance d'heure en heure pour contrôler son désir de manger. Elle vit en pensant sans répit à la nourriture et au tort que celle-ci peut lui causer, et cette obsession est extrêmement pénible. Dans un groupe, ses besoins seront passablement différents de ceux des femmes dont la compulsion alimentaire se traduit par un cercle vicieux de gavage, de privations et d'excès de poids; chez elle, cette compulsion se manifeste par le gavage, les vomissements, le jeûne et une maigreur presque squelettique. Par conséquent, j'en suis venue à penser que les femmes chez qui le syndrome prend la forme de l'anorexie auraient avantage à s'organiser en groupes distincts. Comme la mangeuse compulsive, qui trouvera dans le groupe le lieu par excellence pour discuter à coeur ouvert de son problème, l'anorexique se sentira plus en confiance et plus en sécurité auprès d'autres femmes dont l'expérience est similaire à la sienne. Si vous êtes anorexique, vous cachez ce que vous êtes, tant à vous-même qu'aux autres; vous risquez donc de vouloir dissimuler aussi vos moyens de défense. Dans un groupe constitué de femmes qui ont pris la même voie, il vous sera possible d'exprimer votre malaise sans avoir peur d'être jugée ou de choquer, ce qui est d'une importance cruciale.

CHAPITRE 2

La minceur: Un nouveau dieu?

Il y a des femmes de toutes les tailles et de tous les formats. Certaines d'entre nous sont petites, d'autres, grandes. Nos jambes sont courtes, moyennes ou longues; nos seins gros, moyens ou petits, fermes ou tombants; nos hanches sont larges, moyennes ou étroites; notre corps peut avoir la forme d'une poire, être solide ou frêle; nous pouvons avoir la poitrine plate ou rebondie, de petites dents pointues ou de grandes dents carrées, des joues rondes ou creuses, des yeux ronds ou en amande. Et pourtant, cette extraordinaire diversité des corps féminins est systématiquement ignorée et niée dans notre société. La richesse des formes est refusée au profit d'une image prépondérante de la minceur comme idéal de féminité. Les publicités de vêtements pour dames montrent presque exclusivement des adolescentes à peine pubères (en particulier pour les maillots de bain); des mannequins anorexiques défilent dans des vêtements conçus pour transformer les femmes en objets et, dans les vitrines des magasins, d'année en année, les corps des mannequins de bois ou de plastique de plus en plus filiformes ressemblent de moins en moins à des corps réels.

Pendant ce temps, les femmes — faut-il s'en étonner? — se sentent trop grosses, tentent désespérément d'amincir l'une ou l'autre partie de leur corps et sont insatisfaites des formes de ce qu'elles perçoivent comme «leur emballage». Bombardées par des images de corps de plus en plus minces, les femmes luttent devant leur miroir pour correspondre à une image qui varie à chaque saison; dans les salles d'essayage des magasins, elles se regardent d'un oeil sévère pour juger jusqu'à quel point elles arrivent à refléter, à reproduire l'image stéréotypée de la féminité définie cette année-là.

Cette campagne de propagande est renforcée par le fait que les vêtements en vogue ne se trouvent qu'en quelques tailles au-delà desquelles, semble-t-il, on cesse d'être acceptable. Mais le processus est encore plus insidieux. Même les femmes qui ont grandi avec un respect relativement sain de leur corps (ce qui est déjà rare dans notre société), et qui jusqu'ici ne s'étaient pas inquiétées de leur aspect physique, sont inondées d'articles, de réclames publicitaires, de chroniques et de conseils sur la beauté préconisant tous la minceur comme solution à tous les problèmes et comme mode de vie; presque inévitablement, cette avalanche finit par saper leur assurance. Un sentiment d'insatisfaction s'installe alors; rares sont les femmes de moins de quarante-cinq ans qui se trouvent assez minces et qui sont contentes de leur corps. Un poids qui était acceptable il y a dix ans est maintenant jugé excessif. Cette obsession occidentale de la minceur pousse les femmes à mener une lutte acharnée et sans répit pour réduire le volume de leur corps. La beauté et la diversité des formes féminines sont devenues inacceptables; la minceur est imposée à des fins de profit et de contrôle social.

À mesure qu'on incite les femmes à devenir plus minces et que l'obsession occidentale traduite par l'équation santé-minceur-bonheur-régime s'intensifie, le marché est submergé de livres de régimes qui offrent des méthodes d'amaigrissement nouvelles et permanentes ou encore des conseils sur la manière de s'habiller pour avoir l'air mince, pour effacer les rondeurs et donner l'impression d'avoir *le* corps parfait. La minceur, d'abord mise en marché comme un moyen de se rapprocher du «jet set» international, est maintenant un but en soi. Succès, beauté, santé, amour, sexualité et bonheur sont associés à la minceur et semblent en dépendre. La minceur évoque instantanément ces attributs qui y sont aussi étroitement associés que le sel au poivre. En d'autres termes, la minceur est devenue un fétiche et n'a plus grand-chose à voir avec ce qu'elle est en fait: une forme du corps. La minceur revend aux femmes leur propre corps, avec la promesse d'une vie nouvelle. Évidemment, aucun de ces avantages que fait valoir la publicité n'est réellement lié à la minceur qui en fait n'est rien d'autre qu'une mode, un idéal mis de l'avant pour toutes sortes de raisons dont la persistance semble reposer sur une peur profonde de la femme et sur un besoin de se rassurer en la réduisant en produit de consommation.

Transmettre aux femmes (et, de plus en plus, aux hommes) l'insécurité face à leur corps est un phénomène vicieux; il s'appuie sur les pratiques sociales qui façonnent l'évolution d'une fille afin de la rendre réceptive. On décourage les filles de toucher et d'explorer leur corps et d'utiliser sa force pour découvrir le monde. Le corps d'une jeune femme, apprenons-nous, doit être toujours propre, ses cheveux doivent être soigneusement coiffés; la jeune femme doit aussi cacher sa sexualité et apprendre à bien se tenir. Une bonne partie de l'enfance d'une fille se passe sous le signe de la répression de l'expression et de l'exploration physiques. Trop de ballet développe de gros mollets et donne une démarche à la Charlie Chaplin; trop de tennis fait grossir un sein plus que l'autre; ces prétendus conseils de sagesse, transmis de mères en filles et d'une adolescente à l'autre, déterminent comment les filles se sentent dans leur corps et comment elles le perçoivent. Elles deviennent inhibées et se transforment alors en proies faciles pour les médias qui développent en elles un sentiment d'imperfection en même temps qu'ils prétendent offrir des solutions.

Cette campagne de «déstabilisation» laisse des traces dans les vies quotidiennes, les activités et les aspirations des femmes. La minceur est perçue comme *la* solution aux difficultés qui surgissent dans la vie personnelle et sociale. Plus d'une femme a déjà réagi à un échec amoureux, à un week-end décevant, à une perte d'emploi, à une journée difficile avec les enfants, à une querelle avec son mari ou encore à de mauvais résultats scolaires en se disant: «Si au moins j'étais mince» ou «Je vais maigrir cette semaine.» Il n'est pas étonnant que les femmes raisonnent ainsi, et le fait que cela ne nous avance à rien illustre tragiquement comment on nous a d'abord volé notre corps, puis interdit l'accès à plusieurs activités de la vie et finalement renvoyées de force à un objectif borné et individualiste — qui n'est en rien une solution: la minceur.

Cette survalorisation de la minceur amène de nombreuses femmes, qui souvent n'ont jamais eu de problèmes d'alimentation dans leur enfance ou leur adolescence, à intervenir malgré elles dans le mécanisme autorégulateur qui leur dicte quoi manger, quand et en quelles quantités. Elles perturbent le mécanisme des signaux de faim et de satiété et suivent des programmes d'amaigrissement qui instaurent le cycle régime-gavage. En s'écartant des signaux internes pour se soumettre à des conseils de régime extérieurs, inévitablement, elles essaient de réduire leur consommation de nourriture. Cela les amène à bannir certains types d'aliments de leur régime et à se fier à des combinaisons alimentaires spéciales pour perdre du poids.

Il y a toujours un nouveau régime à essayer, et l'espoir que *celui-là* nous procurera le bonheur, le succès, l'amour et la santé est toujours présent. Mais cela ne nous conduit qu'à l'échec car non seulement le régime ne tient pas ses promesses, mais il devient le point de départ d'un cycle de privations qui, tôt ou tard — un jour, une semaine, un mois ou même six mois plus tard —, nous précipite dans la spirale de l'alimentation compulsive, de la boulimie et du gavage.

Les régimes transforment les mangeuses normales en femmes qui craignent la nourriture

Il est extrêmement rare que les régimes aident une femme à perdre du poids ou à corriger ses habitudes alimentaires. Sous le couvert du contrôle, elle sème la pagaille dans son alimentation et, souvent, elle engraisse.

Les régimes transforment les «mangeuses normales» en femmes qui craignent la nourriture. La nourriture revêt alors toutes les propriétés magiques et punitives qui créent l'angoisse chez la mangeuse compulsive. L'obsession culturelle de la minceur engendre inutilement pour d'innombrables femmes un grave problème d'alimentation. Plus les femmes essaient de maigrir, plus les cliniques d'amaigrissement, les livres de régimes et les programmes d'exercices engraissent à leurs dépens.

Cette obsession de la minceur intériorisée par tant de femmes fait en sorte qu'il leur est de plus en plus difficile de résister à la tentation du conformisme. La rébellion les met mal à l'aise et les effraie. Certaines questions deviennent presque impossibles à soulever. Pourquoi la diversité des formes féminines est-elle systématiquement dénigrée? Qu'y a-t-il de si affreux et de si menaçant dans des corps de femmes de toutes les tailles? Pourquoi les rondeurs ne sont-elles pas considérées comme attirantes? Pourquoi le corps imposant et plein est-il dévalué? La stigmatisation des femmes rondes ou grosses n'est-elle pas un autre moyen subtil de nous diviser entre nous en nous faisant miroiter une solution illusoire et individuelle à ce que l'on devrait considérer comme un problème fondamentalement collectif, à savoir la position des femmes dans notre société? Peut-être devons-nous attribuer l'impulsion et la force de cette campagne en faveur de la minceur féminine à une réaction indirecte (et possiblement inconsciente) au désir des femmes d'être prises au sérieux et d'occuper plus de place dans la société.

Les femmes se comparent et s'examinent entre elles; elles essaient de voir comment les plus vieilles parviennent à avoir «l'allure», «le visage», «le corps» qui leur assurent leur place et leur statut dans le monde. La beauté et la séduction sont sans cesse redéfinies, et pourtant l'esthétique dominante rejette toujours les corps plantureux. Cette nécessité artificiellement induite de la minceur nous éloigne de questions beaucoup plus fondamentales à propos de ce que nous vivons; elle absorbe une énergie qui pourrait nous aider à changer non seulement notre corps mais aussi le monde qui nous entoure.

En Europe occidentale et en Amérique du Nord, quelques femmes courageuses luttent maintenant contre les stéréotypes dominants et exigent que l'on reconnaisse aux femmes leurs droits fondamentaux, sans discrimination de forme, de poids, de classe ou de race. Mais c'est une lutte en dents de scie, ponctuée par les interventions constantes de propagandistes plus ou moins subtils qui nous rappellent sans cesse que la minceur est de rigueur et que les femmes doivent occuper le moins de place possible.

CHAPITRE 3

Prendre conscience de son alimentation

Qu'est-ce que l'alimentation compulsive?

Manger compulsivement, c'est manger sans tenir compte des signaux physiques de la faim et de la satiété; en fait, cela signifie être si étrangère à son corps que ces signaux ne sont plus perçus. La nourriture devient alors une substance presque magique, investie du pouvoir de réconforter, d'étouffer les émotions, de procurer un sentiment de bien-être et de force, etc. Mais, en même temps, vous redoutez la nourriture et ce qu'elle peut vous faire, vous l'imaginez plus forte que vous et capable de vous causer des dommages terribles.

La mangeuse compulsive a l'impression de n'avoir aucune maîtrise sur ce qu'elle mange. Chez certaines personnes, cela n'arrive qu'à certains moments précis, ou encore par périodes. Pour d'autres femmes, la lutte est constante. De temps en temps, la mangeuse compulsive voudra «faire» quelque chose pour que «cela» cesse; il s'agira tantôt d'un régime, tantôt d'un jeûne, ou encore de tentatives de contrer les effets de ses excès alimentaires soit en faisant de l'exercice, soit en absorbant des diurétiques ou des laxatifs en quantités dangereuses.

Très souvent, c'est d'abord un désir de modifier son poids parce qu'elle *se sent* trop grosse qui entraîne la femme dans un problème d'alimentation compulsive. Ce désir d'être plus mince l'amène ensuite à essayer de réduire sa consommation d'aliments. Chez bien des femmes, ce désir est le déclencheur d'un cercle vicieux de privations et de gavage. Selon le cas, les privations pourront être plus ou moins draconiennes et le gavage, plus ou moins «extravagant». Les femmes expriment ces conflits de toutes sortes de façons mais j'ai observé qu'on pouvait classer les mangeuses compulsives en quatre grandes catégories.

Il y a ces femmes qui sont grosses depuis des années, qui en sont conscientes même si elles sous-estiment souvent leur obésité, et qui ont en fait perdu l'espoir de maigrir. Souvent, elles ne s'aperçoivent pas qu'elles mangent autant, mais elles se rendent compte qu'elles s'alimentent de façon plutôt désordonnée. Elles discutent assez ouvertement de leur problème et *ont l'impression que les choses iraient beaucoup mieux si elles étaient minces.*

La deuxième catégorie — et de loin la plus importante — est constituée de femmes dont le poids varie constamment (d'une trentaine de kilos au maximum). De temps en temps, elles suivent des régimes et, de façon irrégulière, traversent des périodes de gavage; de manière générale, elles mangent trop. Elles parlent assez facilement de leurs problèmes alimentaires et *ont l'impression que les choses iraient beaucoup mieux si elles étaient minces.*

Les femmes du troisième groupe sont souvent de taille moyenne mais, une fois par semaine, par jour ou parfois davantage, elles s'empiffrent de quantités substantielles de nourriture qu'elles vomissent ensuite. Ce comportement particulier s'appelle «boulimorexie». Très peu de ces femmes parlent de leur problème. Elles craignent que le fait de révéler leur comportement vis-à-vis de la nourriture leur fasse perdre le contrôle ou qu'on les force à abandonner leur méthode. Elles sont désespérées parce qu'*elles ont l'impression que vomir ou se purger après s'être gavées est le seul moyen de rester minces.*

Les femmes du quatrième groupe sont anorexiques. Autant que possible, elles essaient d'éviter de manger et mettent au point diverses méthodes et divers règlements pour limiter leur consommation d'aliments et ensuite se débarrasser des calories qu'elles ont absorbées. Très souvent, elles ont une perception déformée de leur corps; elles ne s'aperçoivent pas qu'elles sont excessivement maigres et se croient grotesques et énormes. Occasionnellement, leur contrôle cède, elles se gavent, allant parfois jusqu'à vomir ensuite. Elles ont tendance à garder un silence absolu sur leur comportement alimentaire mais observent les autres très attentivement. *Elles ont l'impression que les choses iraient beaucoup mieux si elles étaient minces.*

Si nous grattons un peu la surface de ces comportements d'adaptation, nous constatons que ces différentes relations avec la nourriture traduisent bien davantage que le désir d'être mince; elles trahissent toutes sortes d'émotions inconscientes. La relation avec la nourriture symbolise la relation avec soi-même qui, selon le cas, sera par exemple dure, punitive, inconsistante, peu généreuse, empreinte de colère ou de révolte. La compulsion alimentaire trahit un profond mépris pour soi-même; elle devient la courroie de transmission de la digestion, ou plutôt de l'indigestion, de problèmes émotifs difficiles à affronter. Dans le sens large, la femme qui mange compulsivement absorbe le message de la société et traduit ainsi la relation qu'elle entretient avec la société. Celle-ci lui dit qu'elle est une citoyenne de seconde classe, qu'elle n'a pas de droits, qu'elle doit se servir de la nourriture pour aimer et nourrir les autres, mais pas elle-même. Elle développe donc une relation déformée avec la nourriture et avec son propre corps. Mais en même temps, d'une façon très individuelle et très douloureuse, elle se sert de la nourriture et de son corps pour s'affirmer dans le monde. Elle crie son besoin de recevoir à son tour ce type d'attentions qu'elle sait si bien prodiguer aux autres. Elle essaie de réconcilier en elle toutes ces pressions extérieures qui lui dictent à quoi elle doit ressembler. Pour elle, la nourriture est un lieu de confrontation.

L'objectif

Notre approche vise à rompre notre dépendance face à la compulsion alimentaire — à transformer nos expériences alimentaires en sources de plaisir et de satisfaction. Cette transformation n'est possible qu'à condition de renoncer à la torture et aux complications des régimes, de la révolte contre les régimes, du gavage, des épisodes boulimiques, et de l'impression de perdre toute maîtrise devant la nourriture pour revêtir ensuite de nouveau la camisole de force du régime jusqu'à la prochaine révolte.

La méthode repose sur les prémisses suivantes:

1. L'alimentation compulsive est motivée par des facteurs émotifs.
2. La boulimie apparaît lorsqu'une personne a l'impression de ne pas avoir droit à la nourriture et essaie toujours de s'arrêter de manger. Cette négation de soi va de pair avec son contraire, le gavage.
3. L'alimentation compulsive et la privation compulsive sont les deux côtés d'une même médaille. L'abstinence du régime produit le chaos apparent de l'épisode boulimique. Le régime n'est pas un contrôle de l'intérieur; c'est une répression extérieure imposée à l'individu, un contrôle exercé de l'extérieur. La mangeuse compulsive *se sent* en perte de contrôle, mais en fait ce dérèglement vient de l'intérieur. C'est pourquoi comprendre les processus inconscients peut favoriser une plus grande harmonie avec nos besoins émotifs.
4. L'alimentation compulsive et la privation compulsive sont des états analogues à la dépendance créée par l'intoxication. Ce sont des problèmes graves exigeant une intervention radicale.
5. Les facteurs psychologiques qui entraînent la compulsion alimentaire sont liés à des représentations conscientes et inconscientes de l'image physique. Par exemple, la mangeuse compulsive se demande: «Qui serais-je si j'étais mince?» ou «Qui serais-je si j'étais grosse?»
6. Les mangeuses compulsives ont perdu contact avec les signaux physiologiques de la faim et de la satiété.
7. La relation des femmes avec la nourriture est particu-

lièrement compliquée à cause de la signification sociale de la nourriture, de leur rôle de nourricières, de l'obésité, de la minceur, des régimes et de la féminité.

8. L'alimentation compulsive et la privation compulsive ne sont pas des problèmes chroniques et incurables. Ce sont des réactions compréhensibles à des pressions sociales et psychologiques.

Comment atteindre l'objectif: les premières étapes

De nombreuses femmes ont découvert que la meilleure façon de sortir de ce cycle privations-gavage est de cesser tout régime. Repensez à votre histoire de régimes et analysez votre expérience. Prenez tout votre temps et tenez un journal où vous noterez vos découvertes. Vous constaterez probablement que les régimes ne vous ont pas permis d'apprendre à contrôler votre appétit durablement, ni à résoudre vos problèmes de compulsion alimentaire, ni à vous aider à atteindre le poids que vous visez et à le maintenir. Même si le régime vous a souvent semblé une bonne solution, il n'a probablement jamais tenu ses promesses. Alors il est peut-être temps de prendre le risque de l'espoir et de cesser tout régime.

Cette perspective pourra vous sembler très périlleuse, mais réfléchissez-y bien. Combien de régimes et de programmes d'amaigrissement avez-vous essayés dans votre vie? L'un de ces régimes était-il vraiment différent des autres? N'ont-ils pas tous eu le même résultat: tôt ou tard, vous avez triché et vous vous êtes empiffrée pour compenser cette période de privations forcées? *Les régimes ne vous aident pas à apprendre à connaître vos besoins physiologiques. Ils ne vous aident pas à entendre les signaux physiques de la faim et de la satiété; ils ne règlent pas votre problème de compulsion alimentaire.*

Reconnaître sa faim

Si vous réussissez à abandonner la camisole de force du régime, vous pouvez commencer à envisager votre alimentation avec une plus grande sensibilité. *Identifiez les moments où vous avez faim et demandez-vous de quoi vous avez envie exactement.* Essayez de ne pas tenir compte de toutes vos restrictions mentales sur ce que vous devriez et ne devriez pas manger. N'excluez pas les aliments que vous avez toujours considérés comme «mauvais»: *junk food*, desserts, chocolat, biscuits, pommes de terre, etc. Demandez-vous seulement ce que vous aimeriez le mieux manger et mangez-le. Prenez votre temps, goûtez-y, dégustez chaque bouchée. Demandez-vous combien vous en voulez. Et maintenant, voyez si vous pouvez cesser de manger lorsque vous êtes rassasiée. Si vous adoptez une attitude qui vous permet de manger, il vous sera plus facile de vous arrêter lorsque vous n'avez plus faim. En d'autres termes, en abandonnant tout régime et en vous autorisant tous les aliments, vous vous donnez la possibilité *de ne pas trop manger*.

Le droit à la nourriture

Comme nous avons souvent honte d'être grosses, et comme notre société exerce des pressions constantes pour que nous nous privions de nourriture afin de devenir minces, beaucoup de mangeuses compulsives trop grosses ont peur de montrer qu'elles veulent manger. Elles se sentent coupables d'avoir faim et préfèrent souvent manger seules. Sinon, elles essaieront de dissimuler aux autres quel genre d'aliments elles mangent pour ne pas s'exposer au blâme. Mais ce comportement s'avère rarement efficace: comme la femme éprouve une grande anxiété devant la nourriture, elle ne choisit pas avec soin ce qu'elle veut manger, ni le moment pour le faire. Par contre, *ce qui est efficace*, c'est d'essayer de transgresser le tabou. Le fait que vous soyez grosse ne signifie pas que vous ayez moins le droit de manger — ou de faire quoi que ce soit, d'ailleurs — que les autres.

Retrouver confiance en soi

À mesure que vous vous engagerez plus à fond dans ce processus, vous découvrirez que vous pouvez vous faire confiance pour vous rassasier. Vous serez capable de ressentir les signaux de la faim et, à partir de là, de choisir, sans penser aux calories, les aliments et les breuvages qui correspondent exactement à ce dont vous avez envie à ce moment précis.

Dans ce livre, vous ne trouverez aucune recette, aucune suggestion de menu et aucun conseil sur ce que vous devriez manger, à quel moment ou en quelle quantité. Personne ne peut savoir mieux que vous ce dont vous avez envie ou besoin, combien de nourriture pourra vous rassassier et à quel moment vous avez faim.

Votre comportement alimentaire pourra sembler assez bizarre si vous essayez de le faire correspondre exactement à vos envies physiques. Il se peut que vous ayez envie de manger un petit peu à la fois mais très souvent; vous découvrirez peut-être que certains aliments vous attirent plus que d'autres et vous traverserez des phases alimentaires; vous vous apercevrez peut-être que votre faim correspond aux heures de repas. Quoi qu'il en soit, vous êtes la mieux placée pour savoir ce qui vous convient. Identifiez vos besoins et ne vous fiez qu'à eux; essayez de les satisfaire le mieux possible et oubliez toutes les catégories du genre «aliments permis» ou «aliments interdits».

Si vous mangez les aliments que vous avez choisis de cette façon, vous pourrez en profiter avec un plaisir sans mélange — c'est-à-dire sans culpabilité ni jugements. Comme vous vous permettez de manger absolument tout ce dont vous avez envie — et que vous savez qu'à partir de maintenant vous pourrez recommencer aussi souvent que vous le voudrez —, vous pourrez vous arrêter dès que vous serez rassasiée et être fière de vous parce que vous veillez le mieux possible à votre bien-être. Pour d'innombrables femmes, la culpabilité, l'inconfort physique, l'impression d'avoir trop mangé, le mépris de soi et les récriminations accompagnent inévitablement toute expérience alimentaire et même la simple évocation de la nourriture. Il est important de ne jamais perdre de vue que notre méthode thérapeutique consiste à essayer de briser les habitudes de compulsion alimentaire de sorte que la nourriture et les repas cessent d'être des expériences pénibles et se transforment en sources de satisfaction et de plaisir.

Vous pouvez maintenant essayer deux exercices connus pour vous aider à apprendre davantage sur les restrictions psychologiques que vous vous imposez face à la nourriture et à essayer d'y renoncer. Il s'agit de l'exercice intitulé «La cuisine idéale»* (page 145) et de l'exercice du «Fantasme du supermarché»* (page 177). Accordez-vous une bonne demi-heure pour faire chaque exercice puis répondez aux questions qui l'accompagnent. Vous souhaiterez peut-être noter vos réponses dans votre journal.

Une étape à la fois

Il peut y avoir de très nombreuses interruptions dans ce processus qui consiste à transformer une relation douloureuse avec la nourriture en une relation satisfaisante. Les femmes mangent de façon compulsive pour tellement de raisons différentes que, lorsque vous chercherez à comprendre pourquoi vous le faites, vous vous retrouverez sans aucun doute en train de manger plus que vous ne le voudrez, de chercher de la nourriture ou de céder à de mini-épisodes boulimiques. Ces «rechutes» ne signifient pas que la méthode est inefficace, pas plus qu'elles ne prouvent que vous ne méritez pas de continuer à manger ce que vous voulez. Chacune de ces expériences bouleversantes vous donne en fait *un indice* qui vous permettra de percer le mystère de votre comportement alimentaire particulier. Souvenez-vous que vous pouvez vous en servir pour vous aider plutôt que pour vous punir. Plus vous découvrez de choses sur vous-même, plus vous avez de possibilités de modifier votre comportement d'une manière qui vous semble sensée. Les diverses raisons inconscientes qui vous poussent à manger de façon compulsive — et ensuite à suivre un régime — deviendront peu à peu conscientes à mesure que vous analyserez chacun de ces incidents alimentaires.

Ainsi, Sara a découvert qu'elle mangeait trop chaque fois qu'elle s'offrait du pain doré; elle en raffolait tellement qu'elle était incapable de s'arrêter. Lorsqu'elle s'est demandé pourquoi, elle s'est aperçue qu'elle n'en mangeait que rarement et qu'elle s'empiffrait parce qu'elle risquait de ne pas en manger d'autre avant un certain temps. Bref, sa relation avec le pain doré était à la fois une relation de fête et de privation. Une fois que Sara a compris cela, elle a décidé d'en manger plus souvent; si elle ne s'en privait pas, elle n'avait plus besoin de faire preuve d'autant de voracité. Lorsqu'elle était rassasiée, elle pouvait s'arrêter en sachant qu'elle en mangerait encore lorsqu'elle en aurait de nouveau envie.

De la détente à la conscience

L'objectif de notre approche consiste à vous encourager à manger sans culpabilité pour vous permettre d'être à l'écoute des besoins de votre corps et de lui donner des aliments appropriés en quantités adéquates. Cependant, mon expérience auprès de nombreuses femmes m'a appris que, dans un premier temps, le soulagement éprouvé à envisager la nourriture et l'alimentation sans culpabilité peut être à ce point important qu'il risque de les empêcher d'examiner d'autres aspects de leur comportement alimentaire. L'effort qu'elles font pour ne pas porter un jugement sur chaque bouchée qu'elles avalent risque de produire une détente amnésique lorsqu'elles mangent. Cet état peut être très différent de celui suscité par les voix terrifiantes qui accompagnaient souvent l'alimentation compulsive, mais à la longue il peut également s'avérer désespérant.

Souvent, les femmes me racontent qu'elle sont plus détendues devant la nourriture mais qu'elles n'observent aucun changement dans leurs habitudes alimentaires. Nous travaillons alors à les rendre plus conscientes de ce qu'elles mangent, et de quand et comment elles le mangent. Il peut parfois sembler pénible d'avoir à se concentrer sur la nourriture, et en particulier si vous essayez justement de ne plus avoir avec elle une relation aussi obsessionnelle; en fait, la seule façon de vous débarrasser de votre obsession consiste à vous en servir. Utilisez-la pour observer votre comportement alimentaire, pour recueillir le plus d'informations possible et pour vous permettre ensuite d'intervenir d'une manière différente. Je suis souvent obligée de rappeler aux femmes que l'objectif est de manger de façon agréable et détendue, et selon leur faim. La première étape consiste à vous défaire de la culpabilité qui entoure la nourriture, mais les autres étapes exigent de votre part un engagement plus actif: vous devez lutter pour manger d'une nouvelle façon. Après avoir éliminé ou réduit la culpabilité, nous passons à l'observation détaillée de nos comportements alimentaires.

L'un des moyens d'en apprendre plus long sur votre comportement alimentaire individuel consiste à tenir un tableau alimentaire (voir page 179); ce tableau vous sera utile lorsque vous voudrez retracer votre consommation alimentaire et identifier les événements et les émotions qui y étaient associés ainsi que leurs répercussions sur votre comportement.

L'observation attentive

Si vous observez attentivement votre comportement alimentaire, vous verrez probablement émerger certaines constantes. Ainsi, Clara s'est aperçue qu'elle n'était vraiment à l'aise que lorsqu'elle mangeait seule ou avec son amant. En notant dans son journal ses observations sur les repas qu'elle prenait avec d'autres, elle s'est rendu compte qu'elle y trouvait plusieurs sources de tension. S'il s'agissait d'un repas à la chinoise où elle devait partager plusieurs plats avec de nombreuses personnes, elle devenait anxieuse à l'idée qu'elle ne pourrait peut-être pas manger tout ce qu'elle voudrait; ou bien elle aurait l'air gourmande ou bien elle se retiendrait et se sentirait privée. Au contraire, avec son ami Adam, il était plutôt agréable de partager un repas. Elle constata qu'avec lui elle se sentait en sécurité et en confiance: elle savait qu'elle pourrait manger tout ce qu'elle voulait. Comme c'est souvent le cas entre deux personnes qui s'aiment, elle s'arrangeait pour lui donner le meilleur de ce qu'il y avait sur la table et il lui rendait la pareille. Il ne s'agissait pas de diviser le repas en deux parts égales; tout simplement, dans leur relation, les repas étaient une occasion de manifester les sentiments qu'ils avaient l'un pour l'autre et, comme ces sentiments étaient réciproques, Clara pouvait se détendre et se dire qu'elle aurait tout ce qu'elle voudrait. Elle n'avait jamais peur d'être privée ou d'avoir l'air gourmande. En examinant ce qui se passait avec d'autres amis ou amies alors que le partage se fondait sur le principe tacite des parts égales pour chacun, elle constata que cette limite définie d'avance déclenchait chez elle un sentiment de privation; elle avait l'impression qu'il lui fallait alors se surveiller pour ne pas laisser voir ce qu'elle ressentait comme du désespoir.

Clara décida d'intervenir et d'utiliser ses observations pour explorer les racines de son anxiété lorsqu'elle mangeait avec les autres. Elle commença par choisir un restaurant où elle pouvait commander un repas pour elle seule, ce qui lui permettrait de manger avec ses amis sans avoir à subir la tension du partage. Ainsi, il lui serait plus facile d'élucider certaines des raisons psychologiques qui la poussaient à s'empiffrer, sans pour autant s'exposer à agir d'une manière qu'elle considérait comme humiliante.

Ce qu'il ne fallait pas qu'elle perde de vue pendant cette expérience, c'est qu'avec Adam elle mangeait avec délice et que généralement elle mangeait moins qu'à d'autres moments. Clara voulait comprendre pourquoi ce n'était pas le cas lorsqu'elle mangeait avec ses amis ou amies; elle avait l'impression que cela avait quelque chose à voir avec sa sécurité émotive. Au cours de cette expérience, Clara découvrit que quand elle mangeait avec des amis, hommes ou femmes, elle n'avait pas l'impression qu'ils étaient vraiment avec elle: leur attention n'était pas concentrée sur elle mais plutôt sur tout ce qui se disait ou se passait à table. Lorsqu'elle jouissait de l'attention générale, Clara mangeait de façon détendue, lentement et avec énormément de plaisir.

Le problème de Clara se posait en ces termes: comment pourrait-elle cesser de percevoir toutes les actions des autres comme ayant directement un rapport avec elle? Pourquoi sautait-elle à la conclusion que les autres lui causaient un tort quelconque (s'ils n'avaient pas les yeux rivés sur elle) au lieu de constater qu'elle était affectée par les autres, qu'ils s'occupent ou non d'elle?

En remontant dans son passé, elle se rappela que lorsqu'elle n'était encore qu'une petite fille, sa mère était souvent distraite et ne lui accordait que très rarement une attention particulière au moment des repas. Évidemment ce souvenir avait été occulté par le fait que Clara avait gardé de sa mère plusieurs souvenirs associés à la nourriture et à sa préparation. La mère de Clara, comme la plupart des femmes de sa génération, assumait seule la responsabilité de nourrir toute la famille et passait presque tout son temps dans la cuisine ou dans les magasins d'alimentation. Mais cette situation n'était pas sans soulever chez elle des sentiments extrêmement compliqués. Souvent, elle se les cachait à elle-même, parce qu'à l'époque il était très difficile pour une femme de contester cet aspect de son rôle social. Mais les sentiments ambivalents qu'éveillaient en elle ces travaux forcés se répercutaient sur la relation qu'elle entretenait avec sa fille autour de la nourriture.

Ce qui s'est passé, du point de vue de Clara, c'est qu'elle n'avait jamais pu jouir en toute sécurité de la présence de sa mère pendant qu'elle mangeait. Comme l'alimentation est l'une des occasions de communication les plus intimes pendant la petite enfance et l'enfance (la survie de l'enfant en dépend), une très grande anxiété peut naître si l'enfant sent que la personne qui le nourrit est distante ou ambivalente. C'est ce que Clara avait vécu. Elle s'était souvent sentie choyée et parfaitement en sécurité avec sa mère; pourtant, à d'autres moments, les «absences» de celle-ci l'avait plongée dans un climat de peur confinant parfois à la panique.

Cette relation chaotique avec la nourriture, vécue dans sa tendre enfance, l'avait perturbée psychologiquement et elle la reproduisait dans sa vie adulte d'une façon plus complexe. Tout à fait inconsciemment, elle avait projeté sur Adam et sur leurs repas en commun l'aspect chaleureux et réconfortant de sa relation avec sa mère, alors que sur ses amis et amies elle en avait projeté le côté distancié et froid, ce qui lui causait de l'anxiété.

Grâce à cette découverte, Clara a pu mieux assumer la responsabilité de ses actes et comprendre qu'elle greffait sur des situations réelles des souvenirs émotifs de son passé. Elle a lutté pour se faire confiance et se permettre de s'occuper d'elle-même pendant qu'elle mangeait. D'une certaine façon, elle a appris à se tenir compagnie. Elle a essayé de prendre conscience de ses sentiments d'insécurité et de les regarder en face pour ne plus avoir à les exprimer indirectement par le biais de la nourriture.

En fait, le travail psychologique assidu auquel elle s'est livrée pour mettre le doigt sur ce qui se passait ne lui a pas seulement permis d'intervenir pour régler ses problèmes alimentaires; il lui a également donné la possibilité d'acquérir une plus grande confiance en elle-même. Clara a commencé à s'apercevoir que, si elle se permettait d'être plus attentive à son alimentation, elle se détendait et mangeait avec plaisir. Les moments agréables qu'elle avait connus avec Adam pouvaient maintenant s'étendre à d'autres situations. De façon inattendue, ses progrès dans le domaine de la nourriture l'amenèrent à constater jusqu'à quel point elle était profondément attachée à sa mère et à prendre conscience des éternels conflits qui subsistaient dans cette relation. Elle se découvrit soudain l'énergie de travailler à améliorer cette relation, maintenant qu'elle était libérée de toutes ses peurs associées à la nourriture. Cette analyse détaillée a aidé Clara à trouver une nouvelle solution.

Essayez de voir si vous pouvez rassembler les diverses pièces du casse-tête de votre comportement alimentaire de manière à vous offrir de nouvelles solutions. De telles observations vous rappelleront que votre compulsion alimentaire prend ses racines dans votre histoire personnelle. Lorsque vous commencez à identifier ces racines, souvenez-vous que *chaque bouchée que vous avalez vous donne une occasion de changer*. Cela signifie que chaque jour, vous aurez une, deux, trois, quatre occasions de modifier votre comportement et de ne pas répéter éternellement l'histoire de votre passé.

Briser le cycle régime-gavage

L'un des aspects les plus redoutables du gavage est sa nature cyclique. L'épisode commence par une impulsion irrésistible et irréfléchie qui vous amène à vous empiffrer. Cette phase est suivie par la sensation d'être «bourrée», droguée. Le lendemain matin, ou quelques heures plus tard, lorsque vous retrouvez vos esprits et que vous avez encore l'impression d'être gonflée, vous vous sentez coupable et vous espérez trouver la force de recommencer à neuf.

Inévitablement, le gavage vous donne un sentiment d'échec, et il vous faudra un certain temps avant de vous sentir capable de retrouver la camisole de force d'une diète ou d'un quelconque régime amaigrissant. Généralement, ce régime sera une fois de plus interrompu par une crise de boulimie, et ainsi de suite.

Le fait de renoncer aux régimes ne signifie pas que

les épisodes boulimiques disparaîtront automatiquement; ils diminueront sans doute mais continueront à revenir sporadiquement, sans que vous sachiez au juste d'où ils viennent. Ils pourront survenir à certaines occasions particulières, par exemple au moment de vos menstruations ou lorsque vous vous sentirez tendue ou que vous connaîtrez une déception. Pendant que vous travaillez à comprendre les motivations psychologiques de vos crises de boulimie, vous aurez besoin de quelques directives concrètes et pratiques qui vous aideront à intervenir pour briser le cercle vicieux de vos habitudes alimentaires. En voici quelques-unes que vous pourrez essayer la prochaine fois que vous serez dans une situation qui vous pousse à manger compulsivement:

1. Asseyez-vous, arrêtez-vous un moment et prenez le temps de constater que vous mangez de façon compulsive. Admettez le fait; n'essayez pas de lutter contre votre impulsion. Lorsque vous avez une crise de boulimie, recherchez-vous toujours le même aliment? Goûtez-vous vraiment ce que vous mangez? Vous régalez-vous? Sinon, cessez de manger et demandez-vous si vous avez choisi le bon aliment. Qu'avez-vous vraiment *envie* de manger?
2. Identifiez le sentiment qui vous a poussée à manger. Qu'y a-t-il de si terrible à ressentir cette émotion? Demandez-vous quel état émotif vous cherchez à atteindre en mangeant. Est-ce l'oubli? Que souhaitez-vous comme résultat de votre gavage? Que voulez-vous exprimer en mangeant compulsivement? Qu'est-ce que votre obésité essaie de dire à votre entourage? Qu'y aurait-il de si difficile à affronter ces émotions si vous étiez mince?
3. Qu'arrivera-t-il si vous faites face à vos sentiments? Que révéleriez-vous de vous-même? Pourquoi en avez-vous tellement honte?
4. Essayez d'affronter et de ressentir directement ces sentiments, ne serait-ce qu'une minute ou deux.

Le fait de vous concentrer sur vos émotions, de vous accorder le temps et l'espace de respirer et de vous demander ce que vous désirez vraiment vous permet de prendre conscience de votre pouvoir et de vous rappeler que c'est à vous, et non à une autorité extérieure ou imposée, de faire quelque chose pour vous aider. Pour la mangeuse compulsive, la seule façon de sortir du cercle vicieux est de regarder en elle-même. Vous devez vous faire confiance et croire en l'existence d'une voix, d'une partie de vous-même, qui peut vous dire ce dont vous avez besoin émotivement et ce que vous attendez de la nourriture. Cette voix vous apprendra à manger d'une manière qui vous appartiendra en propre; cette façon de manger ressemblera par certains aspects à celle des autres, mais fondamentalement elle reposera sur vos propres besoins physiologiques. Souvenez-vous que personne d'autre que vous ne peut définir vos besoins. Lorsque vous êtes angoissée après vous être gavée, pensez à attendre d'avoir faim de nouveau avant de manger et, le temps venu, soyez attentive à votre faim, nourrissez-vous, et voyez comment vous vous sentez. Profitez à fond du soulagement que donne le sentiment d'être capable de bien vous alimenter.

Parfois il est impossible de faire quoi que ce soit pendant une crise de boulimie: vous ne pouvez pas vous arrêter, vous continuez à vous empiffrer et, en même temps, vous êtes bouleversée par ce que vous faites. Cependant, vous pouvez vous consoler en vous rappelant que vous pourrez intervenir la prochaine fois, sinon celle-ci. Dès que vous aurez de nouveau faim, permettez-vous de choisir exactement les aliments dont vous avez envie. Lorsque vous êtes sur le point de céder à une crise de boulimie, voyez si l'exercice intitulé «Interrompre une crise de boulimie»* (page 149) peut vous être utile.

Comment cesser de manger lorsqu'on n'a plus faim

Savoir ce qu'est le point de satiété et s'arrêter quand il est atteint est souvent très difficile pour une personne qui a pris l'habitude de se fier aux régimes pour déterminer quelle quantité de nourriture manger, et à des épisodes de gavage pour se rassasier. Le mécanisme de la satiété est très délicat et, si l'on en abuse constamment, il risque de ne plus répondre adéquatement aux signaux physiologiques qui indiquent qu'on a assez mangé. Si la nourriture et l'alimentation sont surchargées de significations émotives, vous risquez de perdre contact avec les processus physiques signalant la satiété. Cela veut dire par exemple que vous ne vous arrêterez que lorsqu'il ne restera plus de gâteau, et non quand *votre corps* en aura assez.

Une bonne façon de commencer à intervenir consiste à faire des pauses, c'est-à-dire à interrompre l'état «d'inconscience» caractéristique des périodes de gavage. Si vous arrivez à vous arrêter chaque fois que vous mangez, environ à la moitié de la portion que vous vous êtes assignée, pour prendre une pause et vous demander si vous avez vraiment envie de continuer à manger, vous en tirerez un grand profit. Souvent, vous aurez envie de continuer, surtout si vos portions ne sont pas exagérément copieuses; mais il se peut aussi que vous découvriez que votre corps a des besoins beaucoup moins importants que vous ne le pensiez et que, si vous vous fiez exactement à votre appétit, vous en avez beaucoup trop d'un repas complet.

Il n'est pas nécessaire que vos pauses soient longues; une minute peut suffire, le temps de déposer vos couverts, ou votre tablette de chocolat, de réfléchir et de vous demander si vous commencez à vous sentir repue et satisfaite. Si cette interruption s'accompagne du droit de continuer à manger si vous le désirez, vous devriez réussir à identifier les besoins de votre corps.

Souvenez-vous que la digestion des aliments prend énormément de temps. Ce que vous recherchez, c'est une sensation dans votre estomac qui, si vous y êtes attentive, vous dit: «Assez.» Assez ne signifie pas que vous êtes bourrée de nourriture, mais bien que vous quittez la table satisfaite, peut-être avec encore un peu de place pour un petit quelque chose. Cela veut dire rester avec *cette sensation* pendant quelque temps après avoir fini de manger et vous demander une vingtaine de minutes plus tard si vous avez encore faim ou si, tout simplement, vous ne pensez plus à la nourriture.

Souvent, le seul fait d'arrêter exige un immense effort. Vous risquez de ressentir une tension presque insupportable lorsque vous interrompez une séance de gavage irréfléchi. Si vous prenez la décision de vous arrêter quand vous vous sentez repue même si vous avez encore envie de manger, il est très possible que vous viviez quelques moments pénibles de conflit intérieur. Cette confrontation avec vous-même peut être très intense. Pour vous rassurer, songez qu'après ces quelques minutes de crise intérieure, vous éprouverez la satisfaction profonde d'avoir dominé la nourriture au lieu de vous être sentie dominée par elle.

Apprendre à reconnaître la satiété n'est pas un processus mystérieux. D'abord, il s'agit d'être attentive aux signaux qui vous parviennent de votre corps; après un certain temps, lorsque vous aurez vécu plusieurs expériences alimentaires satisfaisantes, vous serez capable de vous arrêter automatiquement, comme vous le faisiez avant de souffrir de compulsion alimentaire. Fiez-vous à votre corps pour vous dire quand commencer et quand vous arrêter.

Il sera beaucoup plus difficile de cesser de manger si ce n'est pas la faim physique qui vous a poussée à commencer. Votre corps sera dans l'incapacité de vous envoyer des signaux de satisfaction; vous n'éprouverez qu'une sensation de trop-plein et d'inconfort et vous essaierez frénétiquement de vous limiter à «juste quelques bouchées encore», sans grand succès. Rien n'est aussi imprévisible que le moment où une mangeuse compulsive cessera de manger si elle n'a pas faim quand elle commence.

Essayez d'éviter cette situation autant que possible en disant non à la nourriture si vous n'avez pas faim. Cessez d'avoir peur d'offenser les autres et occupez-vous plutôt de vos affaires, c'est-à-dire de vos propres besoins alimentaires. Dire non aux aliments quand vous n'avez pas faim et vous en tenir à cette décision pourra vos donner une sensation de bien-être extraordinaire; c'est le signe que vous êtes beaucoup plus en harmonie avec votre corps. Chaque expérience de ce genre contribue à établir une mémoire d'interaction positive avec la nourriture et à vous prouver que *vous pouvez être à la hauteur* dans ce domaine *sans vous priver*.

En bonne partie, la difficulté de rompre la dépendance alimentaire tient à ce que vous ne vous croyez pas capable d'opérer des changements durables plus satisfaisants que vos habitudes compulsives face à la nourriture. Comme votre objectif consiste à établir une relation détendue avec la nourriture, le souvenir des perturbations causées par le fait de manger quand vous n'avez pas faim peut vous aider à décider de ne pas le faire, de ne pas répéter un acte de peur qui ne vous permettra jamais de régler votre problème d'alimentation.

Laisser quelque chose dans son assiette

Si vous vous fiez uniquement à vos besoins physiologiques, vous serez inévitablement amenée à laisser de la nourriture dans votre assiettte, que ce soit chez vous, chez des amis ou au restaurant. Cela peut être très difficile, même si vous vous sentez bourrée et si vous savez qu'en finissant votre plat vous serez mal à l'aise dans votre peau, et que vous n'apprécierez pas la nourriture. Tout cela montre jusqu'à quel point l'alimentation est liée à des facteurs émotifs car, s'il ne s'agissait que de manger pour le plaisir et la satisfaction de ses besoins physiques, ce dilemme ne se poserait pas. Nous n'aurions aucune difficulté à refuser de la nourriture ou à en laisser dans notre assiette.

Demandez-vous pourquoi vous avez tant de mal à le faire. Essayez, dans différentes circonstances, de laisser de la nourriture dans votre assiette lorsque vous êtes physiquement rassasiée; d'abord chez vous, puis chez des amis et, enfin, au restaurant. Si cela vous semble quasi insurmontable, posez-vous les questions suivantes (assurez-vous de prendre le temps d'y répondre).

1. Enfant, aviez-vous le droit de ne pas finir votre assiette? Sinon, vous souvenez-vous d'avoir voulu le faire?
2. Avez-vous l'impression d'offenser quelqu'un si vous laissez de la nourriture dans votre assiette? Qui s'en offensera?
3. Avez-vous l'impression, chaque fois que vous mangez, que c'est la dernière?

Observez quels sont vos sentiments au début de l'exercice, lorsque vous êtes rassasiée et que vous essayez de ne pas manger ce qui reste dans votre plat. Concentrez-vous sur la tension que vous ressentez, vivez-la avec intensité et tentez de la disséquer.

Essayez de savoir si vous avez l'impression d'offenser quelqu'un ou si vous vous sentez privée en ne finissant pas votre assiette. Dans le premier cas, demandez-vous si vous avez raison de penser que vous blesseriez quelqu'un. Pensez-vous que tout le monde en serait vexé, y compris la serveuse, ou seulement quelqu'un en particulier, comme votre mère, votre belle-mère ou une amie? Êtes-vous sûre qu'on s'attende encore, d'une femme adulte, à ce qu'elle finisse son assiette? L'attitude de votre mère a peut-être changé depuis qu'elle peut constater que vous survivez très bien; peut-être ne vous en voudrait-elle pas de ne pas avaler jusqu'à la dernière bouchée ce qu'elle vous a préparé.

Si vous vous imaginez que vous vous sentirez privée, êtes-vous sûre d'avoir raison? Si vous avez aimé ce que vous venez de manger, ne pourriez-vous décider d'en manger plus souvent? De quoi seriez-vous privée exactement si vous ne finissiez pas votre assiette? Qu'avez-vous peur de manquer? Peut-être pourriez-vous obtenir ce que vous voulez réellement sans pour autant vous empiffrer?

Observez les habitudes alimentaires des autres. Regardez autour de vous dans les cafés et les restaurants: vous verrez comme il est fréquent que les gens ne finissent pas leur assiette, sans pour autant que rien de terrible leur arrive. Ils survivent jusqu'à leur prochain repas (et mangent encore!), et personne ne fait de drame parce qu'ils ont laissé de la nourriture.

Si cet exercice soulève en vous des émotions plus violentes que celles que je viens de décrire (et je sais que c'est souvent le cas), essayez d'identifier ce dont vous avez peur. Que vous arrivera-t-il selon vous si vous laissez quelque chose dans votre assiette? Vous sentirez-vous rejetée? Déloyale? Aurez-vous l'impression d'être ingrate? Gaspilleuse? D'agir en enfant gâtée? Essayez de découvrir quelles émotions se cachent derrière cette ingestion involontaire d'aliments dont vous n'avez pas vraiment envie et voyez si ce que vous découvrez ne peut pas vous aider à perdre cette habitude.

Prendre le risque de ne pas manger si l'on n'a pas faim

La capacité de dire non à la nourriture si vous n'avez pas faim est liée à la capacité de laisser de la nourriture dans votre assiette. Deux types de situations peuvent vous donner envie de manger même si vous n'avez pas faim et, pour celles qui luttent contre la compulsion alimentaire, il faut beaucoup d'attention et de concentration pour y réagir de façon novatrice. La première situation survient lorsque vous (ou quelqu'un d'autre) avez fini de préparer le repas: tout est prêt et vous n'avez aucun appétit. Dans le deuxième cas, vous vous retrouvez en train de chercher quelque chose à manger — par habitude — même si vous n'avez pas faim.

Dans l'une ou l'autre situation, il y aura des moments où vous serez capable d'intervenir et de ne pas manger, et d'autres où cela vous sera très difficile. Vous pourrez vous sentir plus à l'aise en expliquant à la personne qui vous a préparé un repas que vous n'avez tout simplement pas faim à ce moment précis, mais que cela vous fera plaisir de lui tenir compagnie pendant qu'elle mange. Voyez si vous êtes capable de vous en tenir à votre décision. Si vous êtes sur le point de céder par habitude, essayez de vous écarter de la table pendant quelques minutes. Dans une telle situation, ne pas manger et observer vos réactions vous sera très utile à long terme. Répétons une fois de plus qu'il ne vous sera possible d'y arriver sans inconfort que si vous pouvez vous fier à vous pour vous nourrir exactement comme vous le désirez *lorsque vous avez faim*. Autrement , dire non à la nourriture ressemblera trop à une privation.

Comme ces situations sont très fréquentes, j'ai élaboré un exercice spécifique pour vous aider *à ne pas manger* si vous n'avez pas faim. Vous le trouverez à la page 151 sous le titre «Augmenter sa conscience alimentaire»*. Vous pourrez vous en servir aussi souvent que nécessaire pour augmenter votre conscience alimentaire, clarifier vos états émotifs et mieux connaître vos comportements alimentaires habituels.

De la théorie à la pratique

Certaines femmes m'ont dit avoir atteint un certain niveau de compréhension de leur relation avec la nourriture et leur image physique mais avoir eu beaucoup de mal à intégrer leurs analyses intellectuelles de manière à pouvoir manger de façon plus satisfaisante. Elles pouvaient cesser de manger de façon compulsive pendant de courtes périodes et se retrouver ensuite encore plus découragées en s'apercevant qu'elles se tournaient encore vers la nourriture même si elles n'éprouvaient pas de faim physique. Une question revient constamment: «Comment passer de la théorie à une pratique quotidienne?»

Ma réponse est la suivante; plusieurs fois par jour, nous avons envie de manger, et cela pour toutes sortes de raisons. Certaines tiennent à des besoins émotifs que la nourriture ne peut satisfaire, et d'autres, à des besoins physiologiques. Chaque fois que nous avons envie de manger, nous avons la possibilité de mettre la théorie en pratique; cela signifie que plusieurs fois par jour nous pouvons intervenir de manière créatrice dans notre relation avec la nourriture. Cela exige de la volonté, de la concentration et des efforts soutenus. La réussite ne tombe pas du ciel.

Dès que vous constatez que vous avez envie de manger, vous pouvez mettre la théorie en pratique en ralentissant et en vous demandant ce que vous voulez et pourquoi. Avez-vous faim? Si oui, qu'avez-vous vraiment envie de manger? Disposez-vous de cet aliment? Sinon, pouvez-vous vous le procurer? Quelle quantité désirez-vous? Est-ce agréable à manger? Est-ce vraiment ce que vous vouliez? Arrêtez-vous et demandez-vous si vous en retirez autant de plaisir que vous en attendiez. Sinon, réfléchissez. Peut-être n'avez-vous pas vraiment faim. Peut-être votre environnement n'est-il pas tout à fait adéquat. *Surveillez vos réactions, ralentissez et donnez-vous le temps et la possibilité d'intervenir.*

Si vous n'avez pas faim, que désirez-vous? Arrêtez-vous et prenez le temps de trouver la réponse. Souvenez-vous que cette question vous donne l'occasion de mieux vous connaître. *Ne vous attendez pas à ce que cette connaissance intime vous vienne sans effort de concentration.* Servez-vous des exercices intitulés «Augmenter sa conscience alimentaire»* et «Interrompre une crise de boulimie»* (pages 151 et 149).*

Renoncez à votre réflexe de penser que «cela» ne donnera rien. Essayez de vous souvenir que votre corps n'a pas faim, et que vous devriez donc être capable de vous passer de nourriture. Cela ne veut pas dire de vous priver.

Vous intervenez d'une nouvelle façon, en mettant peu à peu en pratique ce que vous savez en théorie.

Votre mémoire enregistrera cette expérience et, si celle-ci est plaisante, vous pourrez éventuellement vous en souvenir pour vous rassurer. Si elle est désagréable, vous devrez franchir une étape de plus et essayer de découvrir quel besoin vous demandez à la nourriture de combler. De quoi avez-vous vraiment faim? De quelle sorte de nourriture avez-vous tellement besoin?

Si vous vous concentrez sur ce deuxième niveau de questionnement, vous y trouverez de nouvelles ressources pour favoriser un processus de changement. Persistez dans vos efforts si vous sentez que vous comprenez, même si la théorie semble encore très loin de la pratique. Les choses deviendront plus faciles avec le temps.

Ne précipitez pas votre questionnement; ne forcez pas les découvertes. Votre obésité et votre comportement alimentaire ont de bonnes raisons d'exister et ont mis des années à s'installer. Il vous faudra probablement du temps pour assimiler de nouveaux concepts et entrevoir de nouvelles possibilités. Cessez de vous faire des reproches. Essayez d'accepter l'étape où vous êtes. Par-dessus tout, évitez de vous «victimiser» avec des réflexions comme «ça ne donne rien» ou «ça ne donne rien pour moi». Rendez-vous compte que vous vous êtes engagée dans une lutte et que vous devez trouver un nouvel équilibre.

Cette nouvelle approche risque d'exiger un gros investissemement d'énergie, ce qui, en soi, peut être irritant, d'autant plus que ce qui est alléchant dans cette méthode, c'est qu'elle vous libère de l'obsession associée à la nourriture et à l'image physique. À court terme, vous aurez à surmonter cette difficulté mais ce sera pour vous permettre d'établir une relation nouvelle, et finalement plus détendue et plus satisfaisante, avec la nourriture. Souvenez-vous que vous visez l'objectif d'apprendre à aimer la nourriture, de cesser de la redouter et de ne plus vous sentir en perte de contrôle ou paralysée devant elle chaque fois que vous mangez.

CHAPITRE 4

La nourriture et la faim émotive

L'engagement individuel

Si vous décidez de travailler à régler vos problèmes d'alimentation compulsive, que ce soit seule ou en groupe, vous devrez prendre vis-à-vis de vous-même un engagement assez souple pour tenir compte de vos divers états d'esprit, de vos déceptions et des hauts et des bas que vous traverserez inévitablement au cours de ce processus. Au début, le fait de penser à la nourriture, à l'obésité et à la minceur dans cette nouvelle perspective vous ragaillardira probablement; vous vous sentirez peut-être débordante d'énergie et prête à régler le problème une fois pour toutes. Quelques expériences d'alimentation non compulsive renforceront encore cet enthousiasme; vous risquez donc de tomber de haut en découvrant que le problème ne disparaît pas d'un jour à l'autre et ne se règle pas aussi facilement que vous l'aviez espéré. Vous vous sentirez peut-être aussi découragée que vous l'étiez autrefois par l'échec d'un nouveau régime. Souvent, vous trouverez la méthode ennuyeuse.

Il est très important d'examiner de près cette attitude et d'essayer de la modifier en prenant avec vous-même un engagement d'un type différent. *Cela* ne donne rien. *Cela* n'existe pas. *Cela* n'est pas de la magie. *Cela* n'est même pas une solution spectaculaire. Vous avez un problème d'alimentation compulsive.

Vous pouvez régler ce problème en vous y attaquant activement, en assumant la responsabilité de votre comportement, de vos luttes, de vos réactions devant votre corps et devant la nourriture. Le problème disparaît rarement de lui-même. Personne ne peut le régler pour vous. Si vous faites partie d'un groupe où il y a une animatrice, celle-ci ne peut le régler pour vous. Vous devez le régler vous-même. Vous pouvez obtenir de l'aide, de l'appui et des encouragements mais n'espérez pas que les autres prendront en charge votre démarche.

Vous devrez fournir un certain type de travail émotif. Il pourra s'agir de vous engager à observer et à identifier les problèmes qui vous donnent le plus de mal, de traverser des moments difficiles où vous aurez l'impression que rien ne change, de demander à vos proches leur collaboration lorsque vous en aurez besoin, de vous souvenir qu'à certains moments vous ferez trois pas en avant et deux en arrière, de faire preuve de générosité avec vous-même lorsque vous vous heurterez à un problème particulier sans vous dire que vous êtes trop indulgente ou que vous manquez de vigueur, etc.

Respectez votre rythme propre. Souvenez-vous que vous recherchez un changement fondamental. Certaines émotions et certaines idées qui jusqu'ici vous étaient précieuses risquent de se modifier, ce qui peut se révéler déconcertant; mais accordez-vous le temps et l'espace pour les explorer et y travailler. Et surtout, *ne vous attendez pas à ce qu'une découverte émotive soudaine règle définitivement votre problème*. Il n'est pas impossible que les choses se passent ainsi, mais cela ne sera probablement pas le cas.

Soyez généreuse avec vous-même. Durant ce processus, vous apprendrez beaucoup de choses importantes sur vous-même. Entre autres, vous découvrirez que *vous pou-*

vez tolérer le travail émotif, même s'il semble douloureux. Vous n'êtes pas obligée de rejouer sans cesse le drame du succès et de l'échec, du gavage et des privations. Il ne s'agit pas de devenir une sainte, mais simplement de vous efforcer de ne pas perdre de vue vos propres objectifs.

Définir ses frontières

De nombreuses femmes ont peur de se voir définies, de tracer les frontières de leur corps et donc de déterminer où elles finissent et où commence le reste du monde. Nous avons grandi avec l'idée que notre rôle consistait à aider les autres, à ne pas être égoïstes, à tout leur donner et à se consacrer à eux. Pour cela, nous devions ignorer, supprimer ou sacrifier nos propres émotions et nos propres sentiments dans l'intérêt de nos proches, et en particulier de notre famille. La compulsion alimentaire est souvent une façon d'«effacer les contours» de nos personnalités, et être grosse est souvent associé à la conscience d'être «assez grosse» pour contenir et oblitérer nos propres besoins tout en ayant encore la capacité de répondre aux exigences émotives de notre entourage.

Mais cette préoccupation constante des autres peut cacher le sentiment désespérant que nos propres besoins sont destinés à rester secrets et qu'ils seraient de toute façon impossibles à satisfaire. Très souvent, les responsabilités réelles et imaginaires que nous assumons pour les autres nous coupent de nos besoins profonds et nous empêchent de prendre un certain type de responsabilités *pour nous-mêmes*.

Il nous faut affronter ce problème, et il peut être incroyablement satisfaisant de le faire en nous engageant à assumer la responsabilité de nos propres besoins en matière d'alimentation. Redéfinir ses frontières, c'est une façon de se donner du pouvoir, d'apprendre à se nourrir et à se satisfaire, au propre comme au figuré.

S'ouvrir à de nouvelles émotions

Si vous décidez d'examiner vos problèmes reliés à la nourriture et à l'image physique, vous vous ouvrirez à un autre type de relation avec votre vie émotive. Vous explorerez des problèmes que, jusque-là, vous aviez voulu éviter — en fait, la fonction réelle de votre compulsion alimentaire était peut-être de masquer l'existence de ces problèmes ou de camoufler l'origine réelle de votre détresse émotive. Par exemple, vous découvrirez peut-être que vous mangez de façon compulsive quand vous avez à prendre une décision difficile, c'est-à-dire une décision conflictuelle.

Johanne était l'unique soeur de cinq frères. Ceux-ci avaient tous terminé leurs études, choisi la carrière qui leur plaisait et s'étaient mariés. Elle seule était restée célibataire; elle avait pris la responsabilité de s'occuper de son père lorsqu'il était devenu veuf. À l'approche de ses trente ans, elle éprouva soudainement le désir irrépressible d'abandonner son emploi bien rémunéré dans la publicité — qui venait tout juste de lui valoir un prix d'excellence — pour s'inscrire à un atelier d'écriture de deux ans en Iowa, c'est-à-dire à 1 000 km de son domicile et de celui de sa famille. Compte tenu de ses responsabilités vis-à-vis de son père, cette tentation la plongea dans la confusion et dans la culpabilité, mais elle sentait au plus profond d'elle-même qu'elle devait s'inscrire à ce cours. Elle en discuta avec ses amis mais sans que cela allège le sentiment de culpabilité qu'elle éprouvait à penser à elle-même. Elle décida de s'en remettre au «destin»: elle demanda une bourse de scolarité. Si elle l'obtenait, elle envisagerait en temps et lieu la possibilité de quitter son travail et de trouver une solution pour son père.

Pendant cette période d'attente, Johanne se mit à manger de façon compulsive. Elle redoutait de faire face à des décisions qui entraîneraient des changements et des bouleversements dans sa vie et voulait supprimer tous les sentiments désagréables que cela soulevait en elle. Finalement, sa compulsion alimentaire lui servait à détourner son attention de ce qui la mettait mal à l'aise — en l'occurrence, le fait d'avoir à prendre une décision — et à lui fournir un sujet de préoccupation plus familier et donc moins difficile à vivre: la nourriture, l'obésité et la minceur. Johanne discuta de ses difficultés dans un groupe de mangeuses compulsives et fut très surprise de découvrir que son vrai problème résidait dans le fait de prendre une décision dans une situation conflictuelle. Elle comprit pourquoi elle mangeait de façon aussi «irréfléchie», et son problème alimentaire cessa de lui sembler désespérément incurable. Elle décida d'essayer de résoudre le problème fondamental qu'elle venait de découvrir.

Si vous cherchez une nouvelle façon de régler votre problème, il vous sera utile de vous rappeler que vous êtes engagée dans un processus d'exploitation. Vous découvrirez donc des aspects de vous-même qui ne vous sont pas familiers, ce qui soulèvera inévitablement des sentiments complexes et souvent douloureux. Les choses vous sembleront beaucoup plus faciles si vous arrivez à vous accepter telle que vous êtes. Il faut beaucoup de tendresse et de compassion pour modifier un comportement profondément ancré. Vous aviez d'excellentes raisons de manger de façon compulsive, et ces raisons ne disparaîtront pas par magie. Il vous faudra les découvrir et trouver une nouvelle solution à vos problèmes.

Reconnaître l'existence d'une difficulté comme celle que connaissait Johanne est en soi une étape importante pour sortir du cercle vicieux, car nous dépensons souvent beaucoup d'énergie à *masquer* cette difficulté. L'incapacité de prendre des décisions pour régler un conflit est souvent associée à beaucoup de honte, de confusion, de rage et de bouleversements. Une fois que tous ces sentiments peuvent être exprimés directement, leur importance s'amoindrit, ce qui nous permet d'aborder la question de fond. En constatant qu'avoir à prendre une décision vous plonge dans un malaise profond que vous essayez de soulager en mangeant de façon compulsive, vous vous attaquez à un maillon de la chaîne. Essayons de décrire un peu cette chaîne.

Vous ressentez une émotion difficile à vivre; cela déclenche une réaction qui vous amène à nier ou à réprimer ce qui vous cause un malaise. Pour essayer de conjurer à la fois l'émotion première et les sentiments qui y sont associés, vous mangez de façon compulsive. Puis, vous avez honte de vous, vous êtes en colère contre vous, et vous désespérez de votre comportement alimentaire. L'émotion première qui a amorcé l'engrenage a été déplacée et semble maintenant hors de portée. Vous souffrez et vous vous sentez aliénée.

Cette confrontation avec soi est un aspect crucial du travail que doit fournir toute mangeuse compulsive qui s'attaque à son problème alimentaire; c'est ce qui permettra une dissociation entre les émotions difficiles à vivre et le réflexe de manger. Il ne sera pas nécessaire de résoudre le problème — en l'occurrence la difficulté de prendre des décisions pour régler des conflits — pour cesser de manger compulsivement, mais il est indispensable que le problème cesse d'être nié et voilé. Si vous faites partie d'un groupe, les autres femmes pourront vous aider à affronter votre problème plutôt qu'à le dissimuler.

Je me suis servie de l'exemple de Johanne parce que son problème est courant. Beaucoup de femmes éprouvent énormément de difficulté à faire face aux conflits, que ce soit au travail, dans leur entourage ou dans leurs relations intimes. Nous avons intégré dans notre développement psychologique la notion selon laquelle toute expérience conflictuelle est à ce point insupportable qu'il nous semble impossible de vivre dans une situation de conflit. En discutant entre elles, bien des femmes ont constaté qu'elles réagissaient à cette difficulté de deux façons: soit en se sentant incapables de jouer un rôle actif dans la recherche d'une solution au conflit et donc en se laissant envahir par un sentiment d'impuissance; soit en essayant de nier leur conflit intérieur et en prenant une décision qui ne leur convient pas. Elles se sentent obligées de nier la complexité de leurs réactions par une décision quelconque parce qu'il leur est trop douloureux de supporter un conflit intérieur. En d'autres termes, elles disent noir ou blanc et nient l'existence des zones grises.

La compulsion alimentaire sert à ravaler et à apaiser temporairement des émotions difficiles à vivre. Maintenant, il s'agit pour vous de travailler à court-circuiter ce «pattern» en cherchant à savoir quels sentiments cache votre compulsion alimentaire. Ce processus exige de la patience et de la sensibilité car la réponse varie pour chaque personne; il est important de respecter votre propre rythme émotif et de lui permettre de remonter à la surface.

Prendre conscience de sa vie émotive

L'un des problèmes les plus difficiles que toute mangeuse compulsive risque d'avoir à affronter pour modifier sa façon de manger touche sa relation avec sa vie émotive. La mangeuse compulsive pourra s'étonner d'avoir un problème à ce niveau parce que très souvent elle se perçoit elle-même comme ouverte et capable d'exprimer ses émotions. Pourtant, la compulsion alimentaire en elle-même est souvent une réponse et un substitut à toutes sortes d'émotions; souvent, elle cache toute une gamme d'émotions douloureuses que la femme accepte mal de ressentir.

Il se peut que la compulsion alimentaire serve à masquer ces émotions, à les faire taire et à les ravaler. Mais il arrive aussi que ces émotions inconfortables subissent une transformation par le biais de la compulsion alimentaire: vous vous en voulez parce que vous avez trop mangé.

Chaque fois que vous travaillerez à maîtriser vos émotions, que ce soit seule ou en groupe, il sera important de vous efforcer d'aborder vos émotions de manière différente. Toute notre vie, nous recevons des injonctions spécifiques sur le fait même de ressentir ou d'exprimer certaines émotions. Ainsi, d'innombrables femmes apprennent qu'elles ne doivent jamais exprimer leur colère. Cependant, ce tabou ne suffit pas à éliminer les sentiments de colère. Ces sentiments sont transformés et prennent des formes plus acceptables socialement, de sorte que ces femmes deviennent déprimées, querelleuses, effacées, etc. Lorsque nous examinons de près certaines des significations symboliques de l'obésité dans des cas particuliers, nous découvrons souvent qu'il s'agit d'une façon d'exprimer de la colère[1]. Comme la femme n'arrive pas à exprimer directement sa colère, inconsciemment elle se sert de son corps pour la montrer; autrement dit, elle essaie de faire en sorte que son obésité parle pour elle. Parallèlement, elle pourra s'empiffrer pour empêcher ses sentiments de colère d'exploser. Si elle ne mangeait pas compulsivement lorsqu'elle est en colère, elle aurait peut-être l'impression d'être envahie et débordée par des émotions qui ne lui sont pas familières, qui ne la quitteront jamais et qui la précipiteront dans un épisode boulimique. Une part essentielle du travail sur la compulsion alimentaire consiste donc à trouver une nouvelle manière d'affronter ses émotions.

1. Pour une analyse plus fouillée des liens entre la colère et l'obésité, vous pouvez vous reférer à *Maigrir sans obsession*, pp. 66 à 74.

La plupart du temps, la distorsion de nos émotions douloureuses s'explique par une ou plusieurs des trois situations suivantes dans notre passé:

1. On nous a peut-être empêchées d'exprimer certaines émotions.
2. On nous a peut-être découragées de nous engager dans certains types d'activités, par exemple celles qui exigent de l'initiative.
3. Nous nous sommes peut-être senties rejetées ou incomprises sur le plan émotif.

Tout au long de notre apprentissage, nous recevons des signaux très éloquents quant à ce qui est ou non acceptable. Afin de nous adapter à notre environnement, nous apprenons à cacher ce qui est inacceptable pour les autres; toutefois, cela risque de rendre ces sentiments extrêmement confus et inconfortables; lorsqu'on met le doigt dessus, on se rend compte que la plaie est à vif et très douloureuse. L'alimentation compulsive est souvent le symptôme qui dissimule ce processus complexe.

Toute sa vie, Linda a reçu des messages lui disant qu'elle devait autant que possible éviter de montrer aux autres sa tristesse. Elle vit en ignorant qu'elle est, comme tout le monde, sujette à ce sentiment. Elle sait qu'elle adore aller au cinéma et pleurer un bon coup devant une scène sentimentale mais, dans sa vie de tous les jours, elle est coupée de ses sentiments de tristesse.

Toutefois, Linda mange de façon compulsive; lorsqu'elle s'est accordé de l'espace pour explorer les états émotifs dans lesquels elle se trouvait pendant ses épisodes boulimiques, elle s'est aperçue (avec consternation) qu'ils étaient fortement teintés de tristesse. Chaque crise de compulsion alimentaire faisait suite à une peine momentanée. Incapable d'affronter cette émotion, elle la transformait en besoin compulsif de manger et, une fois le geste posé, elle était submergée de honte. Elle fuyait aussi vite que possible l'émotion douloureuse et inconnue pour passer à un sentiment plus familier. Pour ce faire, elle avait recours à la nourriture même si, logiquement, celle-ci ne pouvait savoir quelle émotion elle était censée annuler. Les aliments étaient investis du rôle d'empêcher Linda de se sentir triste.

Au fur et à mesure que Linda apprit à briser le cycle gavage-privations, elle put découvrir l'existence de ses moments de tristesse. En s'autorisant à les ressentir et à les vivre, elle cessa d'être débordée par eux; *elle était parfois triste mais sa tristesse se dissipait.*

La nourriture n'élimine pas les émotions

Linda a découvert qu'en se permettant de ressentir sa tristesse elle s'emplissait profondément de quelque chose de très réel. Elle n'avait plus envie de nourriture pour combler un vide insondable ou un désir insatiable. Et c'est peut-être là l'essentiel à saisir dans la relation entre la nourriture et les émotions: la nourriture ne peut pas faire disparaître les émotions, ni arranger les choses, ni combler un vide intérieur.

La seule fonction de la compulsion alimentaire est de dissimuler à vos propres yeux les mécanismes de votre vie émotive. Après chacune de vos expériences d'alimentation compulsive, vous vous retrouvez toujours en proie à cette agitation intérieure qui vous avait précipitée dans une crise boulimique. Vos émotions n'ont pas été englouties dans la nourriture; celle-ci ne peut que vous offrir un soulagement *temporaire* et *c'est tout*. Les mangeuses compulsives souffrent parce que, au lieu de digérer une expérience émotive et donc de l'assimiler, elles interrompent ce processus en mangeant et restent aux prises avec des sentiments qu'elles n'ont pas digérés.

Ménager de l'espace aux émotions

Linda a utilisé ce qu'elle venait d'apprendre pour essayer d'intervenir pendant une crise de boulimie. Pour y arriver, elle s'est donné plusieurs possibilités. Au début, elle a essayé de décider de cesser de manger au milieu d'une crise. Puis, elle a tenté de profiter de ce répit pour voir si quelque chose l'avait attristée. Parfois elle arrivait à mettre le doigt sur le sentiment en cause; parfois celui-ci se dérobait.

Lorsqu'elle n'arrivait pas à identifier l'incident qui l'avait rendue triste, elle avait encore le choix. Elle pouvait continuer à laisser de la place à ses sentiments et chercher ce qui l'avait blessée ou, encore, décider de les ignorer.

Ignorer ses sentiments ne signifiait pas manger de façon compulsive mais reconnaître qu'une émotion, pour l'instant encore mystérieuse, la poussait vers la nourriture. Cette prise de conscience lui permit de modifier sa façon de manger. Il lui arrivait encore de se retrouver en pleine crise de boulimie, mais elle avait maintenant la possibilité de décider de continuer ou de s'arrêter.

La fonction du gavage

La compulsion alimentaire et l'obsession qu'elle crée ont une fonction: elles vous évitent la confrontation immédiate avec ce qui vous cause une telle douleur. Même si cette obsession ne peut résoudre le problème et ne fait que reculer le moment où vous l'envisagerez honnêtement, elle peut vous soulager momentanément en éloignant de vous la source de la douleur. L'expérience boulimique est prévisible; vous savez comment elle se déroulera. Elle vous entraîne dans une série de réactions émotives que vous avez appris à connaître et vous permet donc de vous absenter temporairement de ce qui vous plonge dans cet état de détresse. La confrontation avec des émotions difficiles peut être retardée et transformée de façon à prendre une forme connue — celle d'une crise de boulimie. Les crises boulimiques réservent peu de surprises; elles suivent toujours le même cours chez une même personne (même si leur forme peut varier d'une personne à l'autre).

Si vous êtes angoissée parce que vous n'avez pas de relation personnelle intime, vous pouvez vous retrouver en pleine crise de boulimie. En mangeant trop, vous faites de la nourriture et de votre obésité la raison de votre incapacité à avoir le type de relation intime que vous désirez. Pendant la crise boulimique, la nourriture vous console un peu et vos pensées suivent à peu près ce cheminement: «Si je ne me gavais pas de nourriture, si je n'étais pas grosse, je pourrais vivre une relation amoureuse. En ce moment, je ne vis pas cette relation et je le regrette, mais il serait en mon pouvoir de changer cet état de choses; je n'aurais qu'à cesser de manger.»

Il y a du vrai et du faux dans ce raisonnement. Nous

ne pouvons pas contrôler grand-chose en dehors de nous-mêmes; nous ne sommes pas en mesure individuellement de faire tourner le monde comme nous le souhaiterions. Mais, pour la plupart d'entre nous, compte tenu de notre éducation, c'est là une pensée humiliante et, a priori, difficile à accepter. Nous voulons être en mesure d'avoir un impact décisif, de faire en sorte que les choses se passent comme nous le voulons. Trouver à ce qui se passe une explication qui semble vous donner une certaine maîtrise est une façon de la justifier à vos propres yeux.

Ce qui est tragique, c'est que cette obsession risque de consommer l'énergie que vous pourriez utiliser pour agir sur votre environnement là où c'est possible. De toute évidence, vous ne pouvez pas agir sur tous les facteurs qui expliquent que vous ne viviez pas une relation intime; mais vous pouvez agir sur certains d'entre eux. Ne pas le faire vous oblige à vivre dans l'incertitude et à prendre des risques inutiles. La compulsion alimentaire et l'obsession de votre poids peuvent vous sembler plus faciles à vivre.

Le problème, c'est que ce choix ne tient pas compte de l'angoisse que nous portons en nous; il ne fait que substituer à un problème une obsession qui tourne au cercle vicieux. De plus, aucun aliment ne peut vous offrir de solution, ou correspondre exactement au sentiment que vous éprouvez. La nourriture ne sait pas de quoi vous avez besoin. Elle ne sait pas si vous êtes en proie à la colère, à la douleur, à la déception, à la tristesse, à un conflit, à la peur, à l'insécurité, à la culpabilité ou à quoi que ce soit d'autre. La mangeuse compulsive investit la nourriture d'un pouvoir qu'elle possède elle-même: celui d'éliminer une émotion inconfortable. Sur l'emballage d'une tablette de chocolat, rien n'atteste qu'elle peut soulager Sally de sa colère, de sa culpabilité ou de sa confusion intérieure.

Il est possible d'arriver à identifier ces émotions qui déclenchent la compulsion alimentaire. A priori, elles peuvent sembler mystérieuses, et peut-être même ridicules, mais si vous consacrez de l'énergie à les explorer, vous trouverez à votre compulsion alimentaire des explications qui viendront du plus profond de vous-même. Les exercices intitulés «Explorer ses sentiments»* et «Exprimer ses sentiments»* (pages 155 et 153) vous aideront à explorer, à reconnaître et à exprimer vos sentiments inconfortables. Servez-vous-en aussi souvent que nécessaire.

Si vous vous sentez incapable de faire face à un tel tumulte émotif, souvenez-vous seulement que c'est vous qui y mettez fin, et non la nourriture. Vous n'avez donc pas besoin de manger pour vous sentir mieux. La nourriture n'est qu'une simple courroie de transmission, de vous-même à vous-même, pour supprimer l'émotion. Vous pourriez vous passer de la nourriture sans vous priver de ce qu'elle vous offre.

Si, à un moment ou l'autre, vous ne pouvez affronter un sentiment douloureux, vous pouvez très bien décider de ne pas le faire. Regardez la tablette de chocolat et demandez-vous quel sentiment vous voulez qu'elle exprime et quel sentiment elle doit vous procurer. Voyez si vous ne pourriez pas atteindre l'état recherché sans elle. Si vous essayez de désamorcer votre obsession alimentaire, il ne vous sera certainement pas agréable d'être inondée par tant d'émotions. Ne les laissez pas vous submerger. Vous pouvez certainement maîtriser vos réactions parfois en essayant de ressentir directement ces émotions, à d'autres moments en admettant leur existence sans vous laisser déborder par elles.

Les émotions se ressentent, elles ne se règlent pas

Une fois qu'elles ont découvert qu'elles mangeaient de façon compulsive pour des raisons émotives, beaucoup de femmes disent ne pas savoir quoi faire des émotions qu'elles mettent à jour. Mais il n'y a rien à *faire* de ces émotions, sauf admettre leur existence. Ce ne sont pas des objets ni des monstres et elles font partie de vous, même si elles sont affreusement douloureuses. Cependant, vous pouvez avoir l'impression qu'elles sont *extérieures* à vous si vous les avez ignorées et niées depuis des années. Elles peuvent vous sembler insupportables et perturbatrices. Vous leur avez fait subir de nombreuses distorsions et elles ont donc rarement eu l'occasion de remonter à la surface, d'être ressenties pour ce qu'elles sont et de trouver leur intensité propre.

Si vous découvrez par exemple que vous mangez de

façon compulsive pour enfouir de terribles blessures que vous refusez de regarder, le fait de les ressentir au lieu de vous débattre sans cesse pour les supprimer pourra vous procurer un certain soulagement. Ce sont de vieilles blessures que vous avez enfouies inconsciemment parce que vous n'aviez pas les ressources nécessaires pour y faire face au moment où vous les avez subies. Aujourd'hui, vous n'êtes plus dans cette position de vulnérabilité qui était la vôtre quand vous étiez enfant. Vous ne dépendez plus des autres de la même façon. Si vous permettez à ces émotions de remonter à la surface, et même si elles vous font pleurer, il est peu probable qu'on vous gronde et qu'on vous accuse d'être folle. Il est possible que vous ayez l'impression de ne pas être parfaitement comprise si vous essayez d'expliquer à quelqu'un ce que vous avez vécu, mais vous ne serez pas humiliée comme vous l'avez été à l'origine.

Nous ne pouvons nous empêcher de projeter sur notre présent les refrains émotifs de notre passé, mais il est important de nous rappeler que nous ne ferons pas nécessairement face aux mêmes types de réponses. Nos zones de vulnérabilité ne bouleverseront pas nécessairement notre entourage actuel de la même manière qu'elles affectaient ceux dont nous étions proches dans notre enfance. Si vous confiez à une amie que vous êtes malheureuse, elle aura peut-être plus de facilité qu'en avaient vos parents à vous écouter; comme ceux-ci s'identifiaient davantage à vous, ils avaient peut-être plus de difficulté à vous entendre exprimer votre douleur.

Parents et enfants sont parfois si étroitement liés que le parent risque d'être bouleversé ou de se sentir coupable du comportement de l'enfant au lieu de lui laisser l'espace pour vivre ses propres émotions. Les amis et amies ne sont pas victimes d'une telle osmose et peuvent par conséquent ressentir une sympathie qui ne leur donne pas nécessairement l'impression d'être responsables de ce qui vous arrive ou de devoir faire quelque chose pour que vous vous sentiez mieux immédiatement.

On ne peut résoudre les émotions; on ne peut que les vivre. À mesure que vous vous autorisez davantage à écouter vos émotions, elles vous effrayeront moins. Le fait de constater que vous êtes davantage en contact avec votre vie intérieure et que vous n'êtes pas obligée de rompre ce contact en vous laissant obséder par autre chose ou en mangeant de façon compulsive vous redonnera confiance en vous.

CHAPITRE 5

L'image physique

Comment améliorer l'image que l'on se fait de soi-même

Lorsque nous travaillons sur l'alimentation compulsive, nous prenons comme point de départ l'hypothèse selon laquelle la plupart des femmes sont mal à l'aise dans leur corps, quel que soit leur poids et leur taille. De ce fait, les femmes envisagent souvent une transformation physique comme remède miracle à des problèmes d'un autre ordre. Bombardées inlassablement par les messages omniprésents des «marchands de la minceur», nous devons déployer une énergie considérable pour jeter un regard neuf sur notre corps et essayer de le voir comme il est.

Le fait que notre corps soit gros peut aussi bien traduire le mépris de soi qu'un désir de se distinguer de la foule, une rébellion ou une épreuve que nous imposons aux autres. L'obésité a plus d'un sens, et ce n'est pas le même pour tout le monde. Il se peut que l'impression ou le fait d'être grosse nous bouleverse à ce point parce que nous détestons notre corps et que nous n'avons pas envie d'en prendre soin.

Découvrir ce qu'exprime votre obésité (de la colère? un besoin? une carence émotive? un désir de protection? une volonté de «prendre de la place»?) vous permet d'entamer une nouvelle relation avec votre corps. À mesure que vous comprenez mieux son langage, vous en acquérez une meilleure connaissance. Vous devenez capable de voir à quoi vous ressemblez réellement plutôt que de vivre en vase clos et de vous déprécier implacablement.

L'exercice intitulé: «Fantasme sur l'obésité et la minceur»*, pages 157 à 159, vise à clarifier les nombreuses émotions et associations que nous rattachons à notre poids. Ne vous étonnez pas si vous voyez émerger des associations négatives ou contradictoires. Vous constaterez peut-être que votre obésité a des aspects positifs et que vous ne la percevez pas que négativement. De même, vous imaginer mince vous procurera peut-être des sensations désagréables parmi d'autres plus plaisantes. Il est important que ces pensées, jusqu'ici inconscientes, soient mises à jour pour que vous puissiez les analyser et en saisir les diverses significations.

Dans *Maigrir sans obsession*, j'ai insisté sur l'importance de vous familiariser avec les problèmes et les significations symboliques que vous associez à diverses images physiques. Mieux vous saurez qui vous êtes et ce que vous demandez à votre image physique d'exprimer à votre place, plus rapidement vous serez en mesure de traverser les obstacles qui vous empêchent d'atteindre le poids qui vous semble idéal.

Trop souvent, lorsqu'une femme se regarde dans un miroir, tout se passe comme si elle se faisait jouer un message enregistré d'autodénigrement. Elle se sent laide. Le miroir ne lui renvoie pas l'image qu'elle voudrait. Elle ne ressemble ni à Jane Fonda, ni à Diana Ross, ni à Sophia Loren, etc.

Regardez encore une fois. Essayez d'ouvrir vos yeux assez grands pour vous voir vous-même, pour voir qui *vous* êtes. Imaginez-vous encore davantage vous-même, au lieu de vous imaginer ressemblant davantage à une autre. De quoi auriez-vous l'air? Comment votre corps se tiendrait-il si vous ne le rejetiez pas? Comment marcheriez-vous? Comment vous assoiriez-vous? Quelle serait votre posture? Comment vous habilleriez-vous? Qu'est-ce que cela voudrait dire vous sentir à l'aise dans votre corps? Essayez d'imaginer tout cela sans vous attarder à des souvenirs de vos périodes de minceur; de toute façon, vous saviez qu'elles ne pouvaient être que temporaires et précaires.

Concentrez-vous sur vous-même. Que voyez-vous? Regardez de l'extérieur. Essayez ensuite de sentir votre corps de l'intérieur. Pensez aux fonctions des diverses parties de votre corps. Vos mains sont-elles de simples décorations ou des parties actives de vous? Les jambes ne sont-elles que des objets d'adoration ou remplissent-elles d'autres fonctions primordiales? Pensez à toute la gamme d'activités dont votre corps est capable; appréciez sa souplesse et sa capacité d'adaptation.

Maintenant, songez au nombre de fois où vous jugez votre corps, où vous vous censurez en le nourrissant et où ainsi vous créez un cercle vicieux dans lequel vous vous privez de plus en plus et mangez de plus en plus. Quelle attitude physique adoptez-vous lorsque vous vous laissez aller à ces pensées? Regardez-vous et donnez-vous la possibilité d'aimer et d'apprécier votre corps plutôt que de le fustiger. Soyez vous-même dans votre corps autant que vous le pouvez et essayez de conserver cette sensation pour le reste de la journée.

C'est souvent difficile à faire. Cependant, cet exercice peut s'avérer très utile pour vous aider à passer du dégoût à une attitude où vous vous acceptez davantage. Il vous sera presque impossible de vous débarrasser de quelque chose que vous n'arrivez même pas à regarder. Vous ne pouvez perdre quelque chose qui ne vous appartient pas. Tant que vous n'accepterez pas l'image que vous projetez maintenant, vous ne pourrez pas la changer.

Pour travailler sur cet aspect de votre image physique, référez-vous à l'exercice intitulé «Le jeu du miroir»* (page 161). Placez une chaise devant un miroir en pied et assurez-vous de ne pas être dérangée pendant une vingtaine de minutes.

Dès que vous ouvrez l'oeil le matin...

Souvent, nous sommes envahies dès le réveil par des sentiments de répugnance vis-à-vis de notre corps. Avant même de commencer la journée nous sommes handicapées par le mépris de notre corps. Essayez de rompre avec cette attitude douloureuse; dès que vous ouvrez l'oeil, imaginez-vous que vous avez un corps digne de respect et d'admiration. Ne serait-ce qu'un moment, laissez-vous respirer sans vous juger. Couchez-vous dans votre lit et regardez vos orteils, vos pieds et vos chevilles; remontez peu à peu le long de votre corps, aussi haut que vous pouvez voir, puis sentez votre tête sur vos épaules. Maintenant, imaginez que vous êtes satisfaite de votre corps. Couchez-vous, fermez les yeux et pensez à ce que seront vos activités de la prochaine demi-heure. Que ferez-vous? Prendre une douche? Vous habiller? Déjeuner? Songez au plaisir d'être bien dans votre peau.

Maintenant, levez-vous et adonnez-vous à ces activités choisies, en gardant toujours à l'esprit l'idée que vous aimez votre corps. Lavez-le avec affection, habillez-le avec soin, nourrissez-le des aliments qu'il désire. Constatez quelle différence cela fait d'avoir une image positive de vous-même et gardez présente cette image le plus longtemps possible pendant la journée. Arrangez-vous pour repenser toutes les heures à l'expérience que vous êtes en train de vivre. Il est très facile de retomber dans une sorte de dégoût aveugle, mais essayez de résister pendant au moins une journée au cours de laquelle vous vous regarderez d'un autre oeil.

Vous voir sous un nouvel angle vous donnera une espèce de congé par rapport à votre routine d'autodénigrement. Au début, cette sorte d'expérience pourra vous sembler contrainte et factice, mais sa fonction est de vous servir de balise sur la voie d'une image de vous plus harmonieuse. Inévitablement, elle vous donnera l'occasion de faire des découvertes importantes qui vous seront utiles pour mieux vous accepter vous-même. Je ne le répéterai jamais assez, traitez-vous avec compassion et tendresse si vous voulez acquérir de l'estime pour vous-même.

La peur d'atteindre son poids idéal

L'un des problèmes qui risquent de survenir lorsque vous devenez plus consciente au point de vue alimentaire, c'est la nécessité de reconnaître que vous redoutez d'atteindre votre poids idéal et d'avoir la taille dont vous rêviez. J'ai observé qu'en cours de thérapie, certaines femmes qui commencent à manger d'une façon plus satisfaisante, d'abord ravies par ce changement, se retrouvent soudain obsédées par leur apparence et par leurs poids et parfois plus désespérées que jamais.

Si nous essayons d'approfondir cette réaction, nous découvrons souvent que cette préoccupation du poids agit comme une sorte de matraque, pour éviter que les transformations en cours ne soient consolidées; c'est en quelque sorte une injection d'insécurité visant à miner les sentiments agréables qu'entraînent les expériences alimentaires agréables et positives. Ce phénomène est extrêmement décourageant pour les femmes qui les vivent; elles devraient le prendre aussi comme un message les invitant à revenir sur certains aspects de leur relation avec la nourriture, l'obésité et la minceur qu'elles n'ont pas encore maîtrisés.

Jessica a commencé une thérapie à l'âge de vingt-deux ans; elle avait l'impression de perdre toute maîtrise sur la nourriture, et elle était obsédée par son poids depuis la puberté. Quand je l'ai rencontrée, elle voulait apprendre à manger différemment et atteindre un poids qui correspondrait mieux à sa personnalité. À plusieurs reprises, elle avait suivi des régimes et atteint cet objectif; une semaine ou deux après, elle recommençait à engraisser.

Après plusieurs mois de thérapie, elle avait appris à se sentir à l'aise par rapport à la nourriture. Libérée des régimes et des privations, elle n'avait plus que de très rares épisodes de boulimie et, comme elle dégustait maintenant ses aliments au lieu de les engouffrer, elle devenait beaucoup plus sélective. Manger était devenu une source de plaisir, une occasion de s'occuper d'elle-même de façon agréable.

Pourtant Jessica s'apercevait qu'elle mangeait souvent légèrement plus qu'elle ne le désirait. Elle n'était plus obsédée par la nourriture elle-même mais elle était coincée dans une espèce de guerre d'usure avec elle-même pour atteindre le poids qui était son objectif et qu'elle ne parvenait jamais à maintenir. Comme ce «pattern» persistait, il devint évident que son effort psychologique aurait dû se concentrer sur la signification de son désir d'atteindre son poids idéal alors qu'elle visait en fait un poids plus élevé. Dans son cas, la différence n'était pas très prononcée (de cinq à six kilos), mais la peur associée à son poids idéal la mettait mal à l'aise et l'empêchait de s'accepter entièrement.

Elle se concentra donc sur ce que signifiaient pour elle la minceur et la non-minceur. Elle fit le bilan de ses expériences antérieures de fluctuations de poids et découvrit que, lorsqu'elle se sentait mince, cela lui donnait la sensation de précarité et de fragilité. Elle se sentait diminuée et craignait de ne pas être à la hauteur de ce qu'elle avait atteint. Elle se rendit compte que son poids effectif lui donnait une sorte de marge de manoeuvre qui lui permettait d'être davantage elle-même — elle n'avait pas l'impression d'être au-dessus de tout, elle se sentait plus à l'aise lorsque ses contours étaient un peu «enveloppés». Cela lui donnait un petit air espiègle qu'elle aimait bien. Elle avait l'impression que son «poids idéal» lui donnait d'elle-même une image plus vigoureuse et plus efficace qu'elle ne l'était en réalité. Elle avait énormément de difficulté à dissocier ces perceptions émotives des formes physiques auxquelles elle les reliait, et elle interprétait souvent des situations en se servant de l'image physique comme d'une explication et comme d'un moyen d'expression émotive.

Pendant cette période, Jessica attrapa une pneumonie, et son problème de poids passa au dernier rang de ses préoccupations. Elle fut si malade qu'elle maigrit au point de devenir frêle, faible et vulnérable. Tout ce qu'elle redoutait se réalisait dans sa maladie mais avec un résultat imprévu: en retrouvant sa santé et ses forces, elle eut la preuve qu'on pouvait être mince et survivre. Sa personnalité ne changea pas le moins du monde à cause de sa faiblesse physique ou de sa perte de poids; elle était restée elle-même et avait gardé ce brin d'espièglerie auquel elle tenait tant.

Jessica est devenue mince un peu malgré elle et

d'une façon assez peu agréable mais, une fois son objectif atteint, elle a démystifié la minceur. Pour ma part, je crois que, même si elle n'avait pas souffert de pneumonie, elle aurait en temps voulu pris le risque de parvenir à son poids idéal pour découvrir ce que cela représentait pour elle. Elle aurait pu décider ensuite comment elle se sentait le plus à l'aise.

Si, comme Jessica, vous oscillez entre deux images physiques, vous pourriez essayer de franchir les mêmes étapes qu'elle et de vous servir de son expérience pour apprendre et tirer des leçons; évidemment, il n'est pas nécessaire de tomber malade pour atteindre son poids idéal et le maintenir — ne serait-ce que pour le temps de l'expérience.

Faites l'exercice intitulé «Fantasme sur l'obésité et la minceur»* (page 157) et essayez de préciser ce que signifient pour vous ces diverses images physiques.

1. Essayez de dissocier les formes physiques des questions émotives.
2. Explorez les questions émotives en elles-mêmes.
3. Expérimentez divers poids. Correspondent-ils à ce que vous imaginiez?

Si vous tenez absolument à être mince, alors surveillez attentivement ce que vous mangez et permettez-vous d'atteindre votre poids idéal pour voir comment vous vous sentez. Si vous n'êtes pas à l'aise, essayez de déterminer pourquoi. Si vous avez l'impression que ce n'est pas vous et que vous ne vous habituerez pas à cette nouvelle image, essayez de trouver un poids qui vous convienne davantage. Le fait que vous fassiez l'expérience de la minceur ne vous oblige pas à rester mince si vous n'êtes pas à l'aise ainsi. Pratiquer régulièrement l'exercice des fantasmes sur la minceur et l'obésité vous sera d'une grande utilité. Vous découvrirez que la minceur prendra différentes significations pour vous selon votre poids. Souvenez-vous que la minceur n'est pas une panacée, malgré ce que prétendent la publicité et la propagande, et que, une fois mince, vous serez capable de rejeter avec force cette association au lieu de la refuser avec l'impression que «les raisins sont trop verts».

Vivre ici et maintenant

Bien des femmes s'impatientent parce que leur corps ne change pas aussi vite qu'elles le voudraient; elles s'irritent de ce que cette méthode repose sur une longue démarche et ne produise pas de changements instantanés. Si la lenteur de cette méthode comporte des avantages réels puisqu'elle vous permet d'explorer les émotions et les sentiments qui accompagnent différentes images physiques, les pertes et les gains de poids en dents de scies peuvent se révéler très frustrants. Tout ce que je peux dire pour vous consoler, c'est que la persévérance donnera des résultats satisfaisants. Expérimenter différents poids et prendre le temps de vous y habituer sera rentable à long terme. Le poids que vous déciderez de maintenir n'aura pas ce caractère précaire que donne le régime miracle et vous aurez appris à vous faire confiance et à vous accepter entre-temps.

Chaque poids a quelque chose à vous apprendre et a donc son utilité propre. L'acceptation de soi, un objectif clé, vous est accessible si vous vous donnez la permission de vivre ici et maintenant, quel que soit votre poids actuel. Le fait que vous désiriez maigrir ne vous empêche pas de bien vous traiter en attendant. Vivre dans le présent et dans votre peau signifie cesser de vous torturer, vous habiller avec toute la fantaisie et l'imagination dont vous êtes capable et ne jamais vous priver d'une activité sous prétexte que vous êtes «trop grosse».

Votre corpulence ne devrait pas vous empêcher d'aimer, de danser, de nager, de courir ni de pratiquer aucune de ces activités que vous avez peut-être été tentée de mettre «sur la glace» en attendant d'être mince. La vie ne commence pas avec la minceur et ne s'arrête à aucun poids spécifique. La vie est faite pour être vécue avec le moins d'obstacles possible.

Dieu sait jusqu'à quel point nous sommes orientées sur une route plutôt que sur une autre par toutes sortes de pressions exercées par la société et par notre environnement. Ces contraintes extérieures peuvent être intériorisées de toutes sortes de manières extrêmement complexes, et nous pouvons décider d'utiliser notre énergie pour essayer de changer des conditions de vie et de travail qui nous oppriment. Mais une partie de la lutte consiste à apprendre à exercer au maximum notre pouvoir de façonner certains aspects de notre vie dans une perspective personnelle.

Pour une femme, être fière de son corps, pour elle-même et non comme d'un instrument ou d'un objet, est un geste radical. Pour une femme, affirmer son droit au confort et à la fierté, quel que soit son poids, c'est mettre un grain de sable dans le moteur de l'ordre patriarcal. Seule, il est difficile d'adopter cette attitude. Mais au fur et à mesure que les femmes seront plus nombreuses à rejeter le stéréotype de la minceur à tout prix et à affirmer le plaisir que donne la variété des corps féminins, chaque femme pourra s'appuyer sur cette force collective pour commencer à s'accepter et à avoir confiance en elle.

La haine de soi fondée sur l'image physique est à la fois douloureuse et vaine; il est très rare qu'elle pousse une femme à changer de façon permanente, à maigrir et à se sentir bien. Si vous voulez maigrir, partez de là où vous êtes. Prenez le temps de souffler. Donnez une autre direction à l'énergie que vous consacrez à vous haïr. Essayez de vous accepter telle que vous êtes en ce moment et non telle que vous serez quand vous aurez perdu cinq, dix, vingt ou vingt-cinq kilos. N'attendez pas d'être mince pour commencer à vivre. Commencez tout de suite, quel que soit votre poids.

Si vous arrivez à observer cette règle, vos chances d'atteindre le poids qui vous convient et de le maintenir seront infiniment meilleures. Si vous vivez pour le présent et que vous ne vous privez d'aucune activité en attendant la minceur, vous vous sentirez en sécurité lorsque vous atteindrez votre objectif. La minceur ne sera plus une éventualité troublante, sinon effrayante, ni une image physique associée à toutes sortes d'émotions complexes. La minceur ne sera qu'un état physique auquel vous serez préparée et qui coïncidera avec votre organisme.

En plus de se sentir «trop grosses», en général, presque toutes les femmes ont tendance à reporter leur insatisfaction sur une partie quelconque de leur corps qu'elles jugent «énorme» ou inacceptable. Si vous faites l'exercice intitulé «Les parties du corps»* (page 165), vous en apprendrez plus long sur les connotations émotives dont vous avez investi cette partie de vous et vous découvrirez peut-être avec soulagement que votre perception reposait sur une distorsion. Si plusieurs parties de votre corps vous déplaisent — disons par exemple que vous détestez vos cuisses et vos seins —, faites l'exercice deux fois, en vous concentrant d'abord sur vos cuisses, puis sur vos seins.

La grossesse et le nouveau-né

Pour les femmes qui luttent afin de parvenir à une relation harmonieuse avec leur corps, la grossesse risque d'être une période de changements continuels dans leurs rapports avec elles-mêmes. Certaines femmes qui ont à peu près réglé leurs problèmes d'alimentation au début d'une grossesse s'inquiètent des effets de leur nouvel état sur leur alimentation et sur leur image physique. D'autres se retrouvent enceintes avant d'avoir résolu leur problème d'alimentation compulsive et doivent affronter les sentiments complexes que leur donne l'impression de perdre le contrôle de leur corps.

Bien des femmes ont observé que le fait d'être enceintes les avait forcées à se concentrer sur leur corps d'une manière nouvelle et stimulante. Les changements apportés par chaque trimestre de la grossesse, les modifications quotidiennes, les sensations physiques et les états émotifs inconnus, s'ajoutant au désir de donner à l'enfant qu'elles portaient l'environnement le plus sain possible, leur donnaient une plus grande conscience de ce qu'elles mangeaient ainsi que de leur posture.

De nombreuses femmes m'ont raconté qu'après avoir traversé dans les trois premiers mois une période de confusion quant à leurs besoins alimentaires, elles avaient trouvé une manière simple et agréable de se nourrir et de s'occuper d'elles-mêmes. Leur corps changeait sans qu'elles puissent y faire quoi que ce soit, mais selon un cours relativement prévisible. Elles se sentaient bien dans leur peau, et le fait d'attendre un enfant leur valait beaucoup d'attention, de gentillesse et d'approbation de la part de leur entourage. Pour une fois, leur gros ventre était justifié et admiré. Les gens utilisaient un autre vocabulaire pour décrire ces changements physiques que celui qui est associé à l'obésité. Ils trouvaient facilement des mots pour les complimenter sur cette nouvelle rondeur, démentant ainsi le fait que seule la minceur pouvait être synonyme de beauté. Pour beaucoup de femmes donc, l'expérience de la grossesse a eu des effets secondaires inattendus et bénéfiques.

L'arrivée du nouveau-né, avec les changements profonds qu'entraîne cet événement, a affecté de façons différentes les femmes avec qui j'ai travaillé. À certaines, l'expérience de la maternité dans un environnement propice, le plaisir d'avoir un bébé et l'intimité de l'allaitement au sein ont permis de vivre agréablement les changements «postpartum» de leur corps et de retrouver un poids qui leur convenait.

D'autres l'ont vécu plus difficilement: la sensation de ne plus avoir le foetus dans leur corps, le passage à une nouvelle vie avec un bébé et le fait que toute l'attention se reporte alors sur le nouveau-né ont fait naître en elles un sentiment de perte d'identité, de confusion émotive et de rejet. Elles avaient l'impression que toute l'attention des autres se concentrait maintenant sur une seule question: «Quand vas-tu retrouver ta taille?» L'épuisement causé par les nuits blanches passées auprès du bébé, le fait d'avoir tant à donner et l'impossibilité de se séparer du nouveau-né les poussaient à manger même si elles n'avaient pas faim, ne serait-ce que pour avoir l'impression de se donner quelque chose. Dans les moments de frustration, alors qu'elles avaient peut-être besoin d'un mot tendre, d'un baiser ou d'une caresse, elles se tournaient vers la nourriture qui semblait accessible et réconfortante.

Pour d'autres femmes encore, le plus difficile fut de passer de l'allaitement au sein ou au biberon à l'alimentation solide. Dans l'allaitement au sein ou au biberon, elles avaient l'impression que le bébé pouvait leur envoyer des signaux manifestes de satiété; il pouvait même s'endormir au sein, et jouir de ce confort de l'estomac plein. L'alimentation solide oblige la mère à exercer plus de discernement et la satisfaction de l'enfant est moins facile à percevoir. Pour ces femmes, les repas devenaient alors des moments plus tendus; elles s'inquiétaient sans cesse de savoir si leur bébé mangeait assez, pour finalement se rendre compte qu'elles-mêmes s'éloignaient progressivement de *leurs propres besoins* nutritifs. Si les vêtements d'avant la grossesse ne leur allaient plus, elles hésitaient à consacrer le temps et l'argent nécessaires pour s'en procurer de nouveaux. En ignorant leurs besoins, elles en venaient à se sentir dépossédées de leur corps. Dans les cas où, pour une raison ou une autre, elles n'avaient pas recommencé à avoir des relations sexuelles régulières après la naissance de l'enfant, ce sentiment d'être aliénées de leur corps était encore plus fort.

Lorsqu'elles ont pris conscience de ce type de dynamique — et il y a autant de réactions différentes qu'il y a de mères —, ces femmes ont retrouvé l'énergie nécessaire pour réintégrer leur corps. Une de mes clientes, par exemple, fut ravie de retourner travailler à l'extérieur; en retrouvant son emploi, elle retrouvait en quelque sorte son identité et sa raison d'être. Elle avait aussi l'impression que, dans son milieu professionnel, les gens la percevaient comme avant, c'est-à-dire valorisaient ce qu'elle accomplissait, et non pas seulement ses qualités de mère. Elle appréciait cette division entre sa vie professionnelle et sa vie familiale, et cette séparation l'aida à redéfinir les formes de son corps.

Lorsque les bébés commencent à marcher et à manifester une plus grande indépendance, les changements qui en découlent peuvent également modifier la perception que la femme a de son corps. Si la petite enfance de son bébé lui rappelle la sienne, la mère peut s'identifier exagérément à son enfant, se mettre pour ainsi dire en état d'osmose avec lui et exprimer ce phénomène par des changements physiques trahissant son refus d'affirmer ses frontières et de se définir à l'extérieur de son enfant.

La nature cyclique de la relation mère-fille, par laquelle la fillette deviendra à son tour une femme comme sa mère, peut susciter chez la mère des sentiments extrêmement complexes. Beaucoup de femmes m'ont confié combien la sexualité naissante de leur adolescente déclenchait chez elles des sentiments difficiles à manier, au point que, dans certains cas, elles en venaient presque à abdiquer leur propre sexualité pour devenir les protectrices de leur fille. Des femmes jusque-là très élégantes ont constaté qu'elles se négligeaient jusqu'à se déguiser presque en matrone; d'autres, au contraire, entraient inconsciemment en compétition avec leur fille et perdaient tout sens des réalités comme l'âge, la taille, etc. Je ne raconte pas cela pour effrayer celles qui sont mères ou qui veulent l'être, mais pour montrer aux lectrices le genre de vulnérabilité qu'entraînent les problèmes d'image physique à différentes étapes de la vie d'une femme.

Il y a à peine vingt ans, les mères des adolescentes avaient l'air de «mères», c'est-à-dire de femmes d'âge moyen et d'allure «respectable». Une mère attirante et élégante était une exception qui suscitait bien des commentaires. Mais aujourd'hui, comme l'accent est mis sur des images de «jeunesse», c'est-à-dire que tout le monde ne tombe plus nécessairement dans l'ombre après la quarantaine, les vieilles règles entrent maintenant en conflit avec de nouvelles attentes. La maternité peut donc être une période très troublante pour les femmes, et ce trouble peut s'exprimer par le biais de l'image qu'elles ont d'elles-mêmes.

CHAPITRE 6

Explorer son problème

L'autothérapie

L'autothérapie est un défi. C'est un territoire inexploré et, qu'il s'agisse d'une démarche personnelle ou collective, ce sera une expérience unique pour chaque femme. La notion d'autothérapie fait peur; privées de la garantie des compétences professionnelles d'une thérapeute, certaines femmes craignent de faire fausse route. Elles hésitent souvent à apprendre à s'aider elles-mêmes ou à s'entraider, incertaines de la pertinence de leurs interventions. Ces inquiétudes sont parfaitement compréhensibles; il est effectivement très difficile de vous poser, ou de poser à d'autres, ces questions auxquelles vous cherchez précisément à échapper et qui touchent votre relation avec la nourriture, la minceur et l'obésité.

C'est pourtant sur une telle démarche que repose notre méthode pour vous aider à vaincre votre compulsion alimentaire seule, à deux ou en groupe, car les questions que vous redoutez de vous poser risquent d'être en même temps les plus utiles. Une fois que vous vous êtes accordé la permission d'examiner votre problème sous un nouvel angle, vous êtes déjà en voie de répondre à ces questions fondamentales.

Allez-y à votre rythme. En vous donnant le temps d'analyser les problèmes sous-jacents à votre compulsion alimentaire, vous pourrez constater que le fait de réfléchir sur vous-même, de mieux vous comprendre, de mieux vous sentir dans votre peau et finalement d'apprendre à être indulgente avec vous-même vous apportera davantage que les régimes et les privations. La plupart du temps, la réaction première et presque automatique des mangeuses compulsives devant une émotion ou un événement qui les ébranle est de manger. Selon nous, il est fondamental de libérer un espace spécifique pour explorer ces impulsions et trouver de nouvelles façons d'y faire face. Avant d'amorcer un travail psychologique, il faut résoudre de nombreuses questions pratiques. Si vous songez à mettre sur pied un groupe ou à vous joindre à un groupe déjà constitué, vous auriez intérêt à lire le chapitre 7, «L'organisation d'un groupe de mangeuses compulsives», avant de vous lancer dans l'aventure. Dans *Maigrir sans obsession,* j'ai exposé ce qui était selon moi la meilleure façon de structurer un groupe de mangeuses compulsives. Dans le présent chapitre, je vous proposerai également des manières de travailler seule ou à deux pour vous aider à explorer vos sentiments et vos émotions dans un cadre positif et rassurant.

Cependant, il faut d'abord souligner que, pour la plupart d'entre nous, il est difficile de réserver à intervalles réguliers une période de temps à nos propres besoins. Il est facile d'avoir de bonnes intentions, comme celles d'aller nager une fois par semaine, de garder sa chambre en ordre ou de répondre rapidement à son courrier, mais tôt ou tard notre volonté flanche; il nous faut ensuite une éternité avant de pouvoir prendre une nouvelle résolution. Il en va de même pour ce travail sur vos émotions et sur votre problème de compulsion alimentaire; vous trouverez probablement assez facile de démarrer avec enthousiasme et énergie mais, au fond, vous douterez de vous et vous vous demanderez dans combien de temps vous laisserez tout tomber, une fois de plus. Je crois qu'il est primordial de connaître cette dynamique et d'en tenir compte pour ne pas vous décourager lorsque vous commencerez à sentir ses effets.

S'il vous semble réaliste de consacrer dix minutes par jour à réfléchir à votre problème d'alimentation, procédez de la façon suivante. Consacrez cinq minutes à passer en revue ce que vous avez mangé et cinq autres minutes à penser aux difficultés et aux problèmes émotifs que vous avez rencontrés. S'il vous paraît plus simple de consacrer une heure tous les quatre jours à vous pencher sur ces thèmes, alors adoptez cette méthode. Les exercices que nous vous proposons peuvent vous aider à concentrer votre esprit et votre énergie; réservez-leur une période de temps et notez vos observations. Soyez aussi souple que possible; demandez-vous qui vous êtes et ce qui sera le plus efficace dans votre cas. Si vous constatez que vous n'arrivez pas à respecter un horaire fixe, allouez-vous une période de réflexion après chaque repas pour digérer non seulement la nourriture mais aussi la relation que vous entretenez avec elle.

Ne prenez pas ces périodes de réflexion trop à la légère. Peu importe où et quand vous les planifiez, assurez-vous toute la solitude et la tranquillité nécessaires: décrochez le téléphone ou attendez que les enfants dorment s'il le faut. Il est important que vous ne soyez pas dérangée. Ayez un carnet à portée de la main pour y noter vos observations, ou encore enregistrez-les pour pouvoir vous réécouter. Prenez ce travail au sérieux si vous voulez en tirer profit. Accordez-vous le temps et l'espace nécessaires pour approfondir le problème. Comme je l'ai mentionné, l'efficacité de cette méthode repose entièrement *sur votre volonté*. Une fois que vous vous êtes assuré un moment de calme, vous êtes prête à commencer: il s'agit de réfléchir sur votre rapport avec la nourriture, de le ressentir et d'en parler, tout cela de manière positive.

Le «co-counselling»: apprendre à écouter et à parler

Le co-counselling est un excellent moyen de discuter à deux de vos problèmes émotifs. Cette méthode repose sur l'aide mutuelle: deux femmes se parlent et s'écoutent tour à tour. Celle qui parle s'assoit devant celle qui écoute et essaie de lui dire à quoi elle pense. Le travail de l'auditrice consiste à *être attentive*, et non à intervenir: elle doit écouter celle qui parle et se laisser aller à vivre avec elle les incidents et les émotions en cause. Après une période convenue (généralement entre sept et quinze minutes), les deux femmes changent de rôle pour la même durée.

C'est à *vous* de décider sur quoi et comment vous voulez travailler. Vous pouvez aussi bien parler de vos problèmes quotidiens d'alimentation que de vos hésitations à venir à cette rencontre parce que vous êtes découragée. Si vous faites partie d'un groupe de mangeuses compulsives, une brève session de co-counselling pourra vous permettre de défricher le sujet que vous vous apprêtez à discuter ce jour-là. Souvent, ce qui nous préoccupe le plus au niveau conscient s'avère finalement moins important que prévu et, lorsque nous en parlons, nous constatons que nos soucis immédiats camouflent quelque chose de plus fondamental.

Il se peut que le simple fait de pouvoir parler de ce qui vous inquiète vous fasse comprendre à quel point cette question spécifique compte pour vous. En fait, le co-counselling peut vous permettre d'apprendre à vous exprimer très différemment. Contrairement aux conversations habituelles où les gens vous approuvent ou vous désapprouvent, vous interrompent, interviennent, vous encouragent, etc., vous êtes laissée à vous-même et vous devez débusquer ce qui est le plus fondamental pour vous en vous servant de mots pour exprimer ce que vous ressentez réellement.

À mesure que vous parlerez, vous trouverez une nouvelle voix, une voix authentique. Comme il y aura de l'espace autour de vos mots, simultanément, vous pourrez réfléchir. C'est là une expérience assez unique. Même si vous travaillez seule, vous pouvez appliquer cette méthode en vous enregistrant puis en vous écoutant attentivement.

Pour l'auditrice, ce sera également une expérience inédite. Dans ce rôle, vous apprendrez à écouter, à prêter attention à une autre personne sans envahir son espace, à comprendre les choses de son point de vue, à pénétrer dans son expérience et à sortir de la vôtre. Cette capacité d'écoute est extrêmement importante si vous vous joignez à un groupe, où vous devrez être attentive aux propos, aux sentiments et aux interactions des autres femmes.

Quand chacune aura parlé et écouté, je vous suggère de garder le silence une minute ou deux pour penser à ce que vous aurez remarqué; ensuite, racontez-vous l'une à l'autre ce que vous aurez ressenti pendant que vous parliez et que vous écoutiez. Si vous recourez à une courte session de co-counselling au début d'une rencontre de groupe, essayez d'identifier vos sentiments et les thèmes que vous voudriez aborder pendant la réunion. Souvent, ces sessions de co-counselling font émerger des émotions difficiles, douloureuses, confuses et parfois incompréhensibles. Soyez à l'écoute de vous-même et accordez-vous la même attention bienveillante qu'à votre partenaire.

Faire face à ses émotions et à ses défenses

Souvent, au cours d'une session, une femme découvrira qu'elle ressentait des sentiments de colère à l'égard de sa mère, de son père, de son amant, de son mari, d'un de ses enfants ou de ses amis. Il faut souligner que la colère n'est pas le seul sentiment qu'elle éprouve pour ces personnes et que l'intensité de cette émotion entre en conflit avec d'autres sentiments. À moins qu'elle n'en prenne conscience, elle pourra peut-être exprimer cette colère, par la compulsion alimentaire, par exemple. Si la femme essaie d'ignorer ce sentiment négatif, il interviendra dans ses relations d'une manière confuse et destructrice qu'elle n'arrivera ni à comprendre ni à maîtriser. (Les deux exercices* que vous trouverez aux pages 153 et 155 portent sur l'exploration et l'expression des émotions; ils vous aideront à résoudre ce genre de problème.)

Il est important de nous souvenir que nous avons tous et toutes droit à nos sentiments, quels qu'ils soient (et même s'ils changent). Pour les comprendre et les orienter, nous devons d'abord et avant tout les accepter. Nous avons tous l'habitude d'ignorer nos sentiments, soit en les refoulant avant même qu'ils aient eu la possibilité d'émerger complètement, soit en les transformant en autre chose (par exemple s'attrister d'être grosse au lieu d'explorer d'abord l'origine de ce sentiment de tristesse). Il se peut que nous ayons peur de vivre dès maintenant ces émotions et qu'involontairement nous utilisions diverses béquilles pour nous protéger d'eux.

Ces défenses sont à ce point inhérentes au profil psychologique de chaque personne que, lorsque nous les rencontrons, nous devons faire preuve d'une grande sensibilité pour saisir ce qui se passe. *Essayer de briser une défense ne fait que la renforcer.* Il est primordial de s'en souvenir, tant pour nos propres sentiments que pour ceux des autres. Dans une situation de groupe, il est souvent très facile de voir qu'une femme demeure sur la défensive, derrière un mur qu'elle semble avoir érigé autour d'un jardin secret caché au fond d'elle-même. Vous serez peut-être tentée de percer cette défense mais, si la personne résiste, respectez son droit de se taire. Nous avons d'excellentes raisons de garder nos défenses; nous les avons construites parce que nous nous sentions incomprises.

L'évolution des défenses

Pendant notre petite enfance, nous avons toutes, à un moment ou l'autre, eu le sentiment d'être incomprises, rejetées, ridiculisées ou éconduites. Je ne fais pas allusion ici à des événements graves et traumatisants; je parle plutôt de la texture complexe de la communication quotidienne où nos besoins, nos désirs et nos sentiments d'enfants sont parfois mal interprétés par ceux et celles dont nous dépendons. En fait, les expériences les plus douloureuses peuvent survenir lors de conversations et d'événements étonnamment banals et quotidiens, de faits si peu saillants qu'ils ne sont même pas retenus au niveau conscient. La réponse que nous obtenons nous amène à avoir honte de ces besoins, de ces désirs et de ces sentiments et à les enfouir inconsciemment au plus profond de nous. Nous construisons alors des défenses pour nous protéger contre d'éventuelles blessures du même ordre.

Une fois enfouis, ces sentiments sont en quelque sorte à l'abri du rejet ou du mépris des autres mais, d'autre part, il ne nous est pas facile de les revivre et de les réexaminer; ils risquent donc de demeurer confus et déformés pendant de longues années. En voici un exemple.

À l'âge de sept ans, Mara déménageait avec sa

famille de York, dans le nord de l'Angleterre, à Londres. Le jour de son huitième anniversaire, malgré la petite fête organisée en son honneur, elle semblait triste; son père lui demanda gentiment ce qui n'allait pas. Elle répondit: «Je m'ennuie de mes amis de York.» Son père répliqua: «Ne sois pas idiote, ma chérie. Tu as beaucoup de nouveaux petits amis aujourd'hui.»

Cet incident, plutôt banal en apparence, heurta profondément Mara. Elle en sortit perturbée, blessée et terriblement honteuse.

Sa tristesse n'avait été ni comprise ni reconnue mais au contraire niée et dénigrée. Son père lui avait dit (dans son désir de la réconforter et de lui faire oublier sa peine) qu'elle n'avait aucune raison d'être triste. Pour elle, cet incident s'était traduit ainsi:

1. Mara est bouleversée.
2. On lui demande pourquoi.
3. Elle révèle sa vulnérabilité.
4. Elle entend son père lui dire de ne pas se sentir ainsi.
5. Elle est fâchée contre son père parce qu'il ne comprend pas.
6. Elle est angoissée par cette colère.
7. Elle a honte d'avoir voulu être comprise.
8. Elle se demande si elle n'est pas idiote et ridicule de s'ennuyer ainsi de certaines personnes.
9. Elle constate que ses sentiments ne sont pas acceptables et qu'elle ferait mieux de ne plus les exprimer à l'avenir.
10. Elle les refoule au fond d'elle-même.

Une fois enfouis et associés à la honte et à l'humiliation, ces sentiments déformés continuent d'affecter Mara. D'autres incidents similaires interviennent dans son développement psychologique. Ces blessures profondes se réinfectent chaque fois que quelqu'un dit quelque chose ou qu'une situation quelconque reproduit ces expériences passées.

Ainsi, Mara grandit avec l'impression que sa tristesse et son désir d'être comprise sont injustifiés. Par conséquent, en grandissant, elle se construit des défenses qui lui permettent de cacher cette partie d'elle-même. Mais une fois ces sentiments devenus inaccessibles aux autres, ils le deviennent pour elle aussi. Si elle se joint à un groupe ou qu'elle commence à travailler seule pour résoudre son problème, il faudra que le dilemme de Mara soit reconnu pour qu'elle arrive à le dépasser.

Ce dilemme, c'est qu'elle aimerait abaisser ses défenses mais qu'elle ne sait pas comment. Si l'on peut comprendre cela, Mara pourra trouver le type de sécurité qui lui permettra de franchir ses défenses et de ressentir des émotions. Devant une personne que vous sentez sur la défensive, vous pourrez peut-être intervenir utilement en lui disant que vous avez remarqué que la perspective d'affronter ses sentiments semble la rendre nerveuse. En lui montrant que vous comprenez sa peur et son besoin de se protéger, vous pouvez lui créer un espace rassurant pour qu'elle relâche un peu sa prise. Souvenez-vous que vos propres défenses, comme celles des autres, ne sont pas intentionnelles; elles tomberont plus facilement si vous sentez autour de vous suffisamment de sympathie pour pouvoir les affronter.

L'obésité elle-même peut être une défense. Nous utilisons l'obésité comme une mesure de protection et, par conséquent, apprendre à modifier notre relation avec l'obésité est une étape importante pour nous réconcilier avec notre image physique et régler notre problème d'alimentation compulsive. Au lieu de vous en vouloir d'être grosse, essayez de comprendre pourquoi vous l'êtes. En d'autres mots, *apprenez à connaître votre obésité; ne vous distancez pas d'elle, ne prétendez pas qu'elle est extérieure à vous.*

Votre obésité fait partie de vous; vous êtes grosse (ou vous l'êtes devenue) pour une bonne raison. Vous culpabiliser ne vous aidera pas à trouver une solution. Essayez de l'accepter. Mieux vous comprenez votre obésité, et plus vous acceptez qu'elle exprime certains aspects de ce que vous êtes, plus vous pouvez assimiler sa signification. Cette assimilation vous permet à son tour de remettre en cause la nécessité d'être grosse et, éventuellement, d'y renoncer. Une fois que ces aspects de vous que protégeait ou représentait votre obésité n'ont plus à être compartimentés, et que vous pouvez vous les réapproprier, vous êtes en mesure d'abandonner cette défense qu'était votre obésité.

Le groupe de travail

Le travail auquel s'adonnent les groupes constitués de mangeuses compulsives s'inspire des principes exposés dans *Maigrir sans obsession;* il convient également aux femmes qui travaillent seules ou à deux. Le type de questions soulevées, les diverses façons de les aborder et la nécessité de s'accepter concernent toutes les mangeuses compulsives. Observer le travail d'un groupe en action pourra vous aider à approfondir vos schèmes de comportement alimentaire et vos problèmes d'image physique, que vous soyez ou non membre d'un groupe.

Le groupe que nous allons observer se réunissait depuis six mois au moment où cette session s'est déroulée. Il est constitué par six femmes:

PAMELA a 32 ans, elle est mariée, elle est enseignante et, selon elle, elle a une dizaine de kilos en trop.

JENNIFER a 34 ans, elle est mariée, a une fille de huit ans et elle est conceptrice de patrons de tricot. Elle voudrait perdre une douzaine de kilos.

BELINDA a 26 ans et elle est architecte. Son poids est normal mais elle souffre de sa relation compulsive avec la nourriture.

JUDY est âgée de 48 ans. Elle enseigne la musique, elle est divorcée et ses deux enfants ne vivent plus avec elle. Elle estime être légèrement trop grasse.

KATHY a 31 ans, elle a un enfant et vit avec son ami. Pour le moment, elle ne travaille pas à l'extérieur mais elle a été infirmière. Elle voudrait perdre cinq kilos.

CAROL a 43 ans, elle est mariée, ménagère à plein temps et elle a trois enfants, âgés respectivement de 21, 19 et 16 ans. Elle écrit de la poésie dans ses temps libres. Elle estime avoir une quinzaine de kilos en trop.

Judy a déjà suivi une thérapie individuelle et Kathy était infirmière en psychiatrie. Les autres membres du groupe n'ont jamais été en thérapie. Aujourd'hui, c'est Jennifer qui parle la première.

JENNIFER: Bon, je crois que j'aimerais vous parler de

ce qui s'est passé le week-end dernier: j'ai été chez mes parents et, comme d'habitude, j'ai eu de gros problèmes avec la nourriture. J'aimerais que Pamela m'écoute avec une attention particulière et qu'elle m'aide au besoin. Est-ce que cela vous convient?

PAMELA: Je suis d'accord.

LE GROUPE: Nous sommes d'accord. Nous sommes certaines que nous pourrons nous identifier à tes problèmes. Les choses sont toujours plus difficiles quand nous allons chez nous.

JENNIFER: N'est-ce pas bizarre que nous disions encore «chez nous», même lorsque comme moi nous avons notre propre foyer depuis plus de quinze ans! Donc, j'avais décidé d'aller voir mes parents. Bob ne pouvait pas venir, alors je suis partie de bonne heure le matin avec Rachel (*sa fille*) en me disant qu'elle aurait la journée pour s'amuser à aider mes parents à faire leur jardin. Nous sommes arrivées vers 11 h 30 et Rachel a suivi mon père au jardin. Ma mère nous attendait mais, comme d'habitude, elle n'a manifesté aucun plaisir à nous voir. Elle s'est assise là, comme elle le fait toujours — vous savez, je vous en ai déjà parlé —, s'attendant à ce que je fasse tous les efforts, à ce que je la distraie et lui apprenne des choses dont elle pourrait discuter avec ses amies. Et, comme d'habitude, elle ne m'a posé aucune question sur moi ou sur ce qui me tient à coeur. Au moins, maintenant, je sens la moutarde me monter au nez quand le scénario recommence.

Bref, il ne me restait plus qu'à ravaler ma colère et à me dire que je n'étais là que pour quelques heures. Mais, évidemment, ça n'a pas vraiment fonctionné parce que... (*elle pleure et serre les poings*) quand est venue l'heure de passer à table, je savais que j'allais trop manger et c'est ce qui est arrivé. Je n'ai pas vraiment mangé compulsivement mais j'ai mangé plus que j'en avais envie et, quand je me suis levée, je me sentais mal à l'aise. Et ensuite, pendant que je desservais et que je faisais la vaisselle, j'ai mangé tous les restes — je veux dire... vous vous rendez compte... j'ai vidé le réfrigérateur de ma mère! — Oh... je me sens tellement frustrée et en colère... (*Silence qui dure environ trois minutes, puis Jennifer regarde Pamela.*)

PAMELA: Est-ce que cela ne te ferait pas de bien d'essayer d'aérer un peu toutes ces émotions pénibles?

JENNIFER: Peut-être, mais je ne sais pas comment.

PAMELA: Eh bien, j'ai remarqué que tu as mentionné qu'il fallait que tu contiennes ta colère et ton bouleversement; peut-être pourrais-tu essayer de les ressentir ici, avec nous?

JENNIFER: Je ne sais pas comment faire pour les ressentir.

PAMELA: Essayons d'abord de voir ce que tu ressentais en te rendant chez ta mère.

JENNIFER: Eh bien, comme d'habitude, si j'ai décidé d'y aller, c'était par culpabilité, pour ne pas la décevoir et parce que je me disais que Rachel a le droit de voir ses grands-parents. Alors, je suppose qu'au début, j'avais l'impression de faire mon devoir. Puis, en chemin, j'ai retrouvé mes vieux rêves: je voulais que ce soit agréable — ce qui est stupide de ma part. Je suis vraiment idiote d'attendre quelque chose d'elle. Alors bien sûr, je suis arrivée avec des attentes. Rachel est sortie de la voiture et s'est précipitée vers ses grands-parents; ils m'ont embrassée distraitement sur la joue. Je suppose que je me suis sentie négligée, ignorée, laissée pour compte. (*Sanglots.*) Oh mon Dieu! En ce moment, je me sens tellement remplie par ce sentiment, cela me semble si évident. Mais devinez ce que j'ai fait? C'est tellement bizarre... Comme une automate, je me suis dirigée vers le frigo et je l'ai ouvert — cherchant Dieu sait quoi! (*Rires.*) Oh... entrer dans cette maison sans avoir à ouvrir cette porte de frigo... De toute façon, il est tellement dépouillé; jamais rien d'appétissant... (*Elle se calme et se tait pendant deux ou trois minutes.*) J'ai l'impression que cette journée est en quelque sorte un microcosme de mon problème. J'ai l'impression d'être reconnue pour ce que je suis. J'ai l'impression que ma mère me prive de certaines choses, et tout se passe comme s'il fallait qu'à mon tour je lui dérobe quelque chose en cachette.

PAMELA: Est-ce que cela t'aiderait à clarifier les choses si on considérait le geste de te suralimenter comme un message que tu essayerais de transmettre à ta mère par le biais de ton «obésité»?

JENNIFER: Oui, tu as raison. J'ai l'impression que, si je suis grosse, elle ne pourra plus continuer à me négliger. Elle déteste la graisse. Ma mère a été au régime toute sa vie, alors elle... En fait, je crois que j'essaie de lui dire: «Hé! Regarde-moi, tu ne peux plus continuer à m'ignorer.» Et comme je suis découragée par ce qui se passe entre nous, je crois que c'est peut-être une manière de lui montrer combien je suis en colère. (*Elle réfléchit calmement.*) Si je me demande quelle émotion est à la source de mon obésité, je crois que c'est la colère d'avoir été négligée. (*Elle pleure et donne de grands coups de pied sur le sol.*) J'ai l'impression qu'il faut que j'exprime cette émotion un peu plus qu'avant, comme j'ai commencé à le faire depuis quelque temps, au lieu de la transformer en graisse agressive et muette. Merci, je crois que j'ai eu suffisamment de temps.

PAMELA: Tu es certaine?

JENNIFER: Oui.

KATHY: Est-ce que je peux te poser une question Jennifer?

JENNIFER: Bien sûr.

KATHY: Quelque chose m'a frappée lorsque tu nous racontais comment tu te sentais en te rendant chez ta mère. Tu disais que tu étais stupide d'encore attendre des choses d'elle, et je te trouvais très sévère avec toi-même. Moi aussi, je suis comme cela. J'attends des choses de ma mère, elle ne peut me les donner et ensuite je m'en veux de mes attentes. Le fait de t'entendre le dire m'a éclairée sur ce point et je me demande si nous avons toutes cette propension à nous blâmer pour les carences des autres. Je veux dire... ce n'est pas notre faute si notre mère est plutôt froide ou, encore, comme la mienne, surprotectrice, et pourtant nous avons toutes deux l'impression d'en être responsables.

JENNIFER: Si seulement je pouvais me convaincre que ce n'est pas ma faute...

L'ANIMATRICE: La fin de ta période de temps approche. As-tu quelque chose à nous demander?

JENNIFER: Comprenez-vous ce que je ressens?

LE GROUPE: Certainement. Nous comprenons très bien.

JENNIFER: Cela me soulage tellement de constater que je ne suis pas la seule à avoir ce type de problème. Merci de votre attention; je l'apprécie vraiment.

L'ANIMATRICE: Avant de passer à quelqu'un d'autre, nous pourrions peut-être prendre quelques instants pour réfléchir chacune de notre côté sur la façon dont nous sommes affectées par le genre de problème que vit Jennifer.

Cette période de réflexion donne à toutes les membres du groupe la possibilité d'identifier les sentiments que déclenche en elles une histoire comme celle-ci et diminue le risque de les voir poser des questions inspirées par leurs propres problèmes plutôt que dans l'intérêt explicite de la femme qui vient de parler. Plus le groupe utilise à bon escient ces périodes de silence et permet à chacune de se livrer à l'introspection, plus il sera facile d'éviter les pièges de l'identification abusive.

L'histoire de la visite de Jennifer à sa mère a suscité chez d'autres membres du groupe des sentiments similaires de déception, d'attentes et de colère contre leur famille. Certaines femmes connurent quelques moments de confusion et d'hésitation sur ce dont elles voulaient discuter pendant cette session. Le fait de leur accorder la possibilité de réfléchir sur leurs propres expériences leur a permis de déterminer ce qui était prioritaire pour elles ce soir-là. Dans certains cas, elles revinrent à leur sujet de préoccupation initial; dans d'autres, elles préférèrent rester sur le terrain que Jennifer avait commencé à défricher.

L'ANIMATRICE: Bon, maintenant, qui désirerait parler?

JUDITH: Eh bien, il y a quelque chose qui me trotte dans la tête. J'ai remarqué que, depuis environ un mois, c'est-à-dire depuis que j'ai perdu du poids et que je me rapproche de mon objectif — en fait, je suis aussi mince que je rêvais de l'être —, je saisis presque tous les prétextes qui se présentent à moi pour manger un peu trop. On dirait presque que je suis incapable d'accepter ma réussite. Tout se passe comme si je voulais me prouver qu'elle n'est que temporaire. C'est très troublant parce que, par ailleurs, j'ai l'impression d'avoir beaucoup appris et de l'avoir mis en pratique, et voilà que je sabote tout ce travail!

BELINDA: As-tu peur de rester à ton poids idéal?

PAMELA: Penses-tu que te voir mince t'inquiète?

JUDY: Un moment. Parlez une à la fois.

Il est important que le groupe fasse en sorte que la femme qui parle puisse profiter au maximum de sa période de temps. Donc, si par exemple plusieurs membres du groupe lui posent des questions en même temps, ou si les questions sont trop nombreuses pour qu'elle puisse les assimiler et en tirer profit, la femme en cause peut et doit dire «Revenons en arrière», «Arrêtez» ou «Pas d'autres questions, s'il vous plaît». Elle doit se sentir libre de prendre la direction qui lui semble la plus sensée et la plus utile.

JUDY: Peux-tu répéter ta question, Belinda?

BELINDA: Je te demandais si le fait d'avoir atteint ton poids idéal t'inquiétait.

JUDY: Eh bien, il semble que oui parce que tout cela me préoccupe beaucoup ces temps-ci. J'ai vraiment l'impression de faire exprès d'engraisser de nouveau; cela me semble autodestructeur et m'empêche de me réjouir de ce qui m'arrive.

PAMELA: Imagine que tu es à ton poids idéal et que cet état n'a rien de précaire...

JUDY: Je n'arrive pas à imaginer cela. Peut-être si je ne pensais qu'à être plus détendue face à la nourriture... Je crois que j'ai peur de ne pas savoir quoi faire de tout ce temps que je passais à m'inquiéter de mon poids et à penser à la nourriture. Parfois je me rends compte que je n'ai pas eu cette obsession pendant toute une journée mais que je me suis sentie anxieuse sans savoir pourquoi... une sorte d'angoisse généralisée, une vulnérabilité inexplicable. Je me sens ainsi en ce moment; j'ai le frisson rien que d'y penser. Il est évident que, pour une raison que j'ignore, j'ai peur d'être mince. (*Elle semble effrayée.*) En partie, cela a quelque chose à voir avec la jalousie et l'impression de ne pas avoir de place. Ma soeur plus jeune a toujours été très mince et très jolie, et je voyais toute l'attention qu'elle recevait de la famille. Elle était toujours entourée; je suppose que je me suis sentie hors compétition, comme si je n'étais... (*sanglots*) comme si je n'étais pas assez bonne pour eux; elle avait tout et moi j'avais une excuse pour justifier cela: j'étais grosse, fiable, la grande soeur qui remplaçait maman. Je pense que j'ai vraiment peur de renoncer à ce rôle et d'exiger qu'on me perçoive autrement. Cela me donne le vertige.

BELINDA: D'une certaine façon, c'est une excellente chose; tu ressens des émotions que tu avais l'habitude de fuir.

JUDY: Mais cela me fait peur d'entrer en compétition avec ma soeur, ou même tout simplement de changer mon image de moi-même et de ne plus me reposer sur celle du passé. Je veux dire... cela fait tellement partie de la façon dont je me suis toujours perçue... Je veux changer. Je veux mettre de l'avant d'autres aspects de ma personnalité, même si cela m'intimide de sentir l'attention que je suscite. Mais je sais qu'il faut que j'essaie, parce qu'autrement mon vertige ne disparaîtra jamais. J'ai l'impression de m'être volée à moi-même depuis toujours. Je ne sais pas ce que c'est d'attirer l'attention mais je crois que je veux le savoir. Tu sais, je crois que, sous ma graisse, il y avait un moi très énergique qui essayait de se libérer... (*Elle réfléchit en silence.*) Est-ce que l'une de vous viendrait chez moi et m'aiderait à me débarrasser de mes anciens vêtements, ou du moins à les ranger quelque part? Peut-être serait-ce trop troublant de m'en séparer dès maintenant. J'ai l'impression que presque tout ce que je porte n'exprime pas ma personnalité réelle; mes vêtements sont tous tellement démodés...

LE GROUPE: Peut-être pourrions-nous aller magasiner avec toi. Tu n'es pas vraiment obligée d'acheter; tu pourrais essayer des vêtements de styles différents et voir ce que cela donne.

JUDY: Ce serait merveilleux. Qui pourrait venir chez moi mardi ou jeudi?

PAMELA: Je suis libre demain.

JUDY: Fantastique!

L'ANIMATRICE: Veux-tu fixer aussi la séance de magasinage?

JUDY: Je crois que je préfère commencer par vider ma garde-robe. La semaine prochaine, je pourrais consacrer une partie de ma période à vous faire part de cette expérience et voir ensuite si j'ai envie d'essayer de nouveaux vêtements. Pour aujourd'hui, je crois que j'ai eu assez de temps.

L'ANIMATRICE: Est-ce que l'une de vous s'identifie à l'histoire de Judy? Réfléchissez à ce qu'elle évoque pour vous. Prenons une minute pour y penser.

KATHY: Je m'identifie à sa sensation d'être mal fagotée, mais dans mon cas, c'est davantage relié à ma mère. Devrais-je continuer? Je pourrais utiliser mon tour de parole pour aller plus loin...

CAROL: Eh bien, moi aussi je me reconnais, mais de façon différente: ma soeur était le «cerveau» de la famille et moi la belle fille qui avait de la personnalité. C'est tout à fait ridicule parce que nous souffrions toutes les deux d'être perçues ainsi. Elle ne se sentait jamais à la hauteur et avait peur d'ouvrir la bouche. Quant à moi, je me sentais mal dans ma peau. Vas-y maintenant, Kathy.

KATHY: Voilà, je vous ai déjà raconté que ma mère passait un temps incroyable à prendre soin de son corps. Si elle n'était pas ma mère, je crois que je me contenterais de penser qu'elle était terriblement coquette mais, comme c'est ma mère, ses flacons de parfums et ses pots de crèmes, ses bâtons de rouge à lèvres, ses robes et ses souliers me rendent, ou du moins me rendaient, littéralement furieuse. Quand j'étais petite, je la regardais se préparer à sortir; je m'en souviens comme si c'était hier. Elle était entourée d'une sorte d'aura magique; pour moi, c'était une reine et je trouvais cela merveilleux, mais je suppose que, même si tout cela était à ma portée, j'avais le sentiment profond que ce n'était pas pour moi. Je crois que j'avais la conviction intime que la vanité était permise aux femmes très belles mais non pas aux femmes ordinaires comme moi. Elle avait donc le droit de se bichonner alors que ç'aurait été obscène pour moi de le faire.

CAROL: Mais pourquoi penses-tu que tu es ordinaire? Tu es tout sauf banale, même s'il est vrai que tu n'en tires pas tout le parti possible. Je te trouve très jolie. Tu as un très beau corps, et tu es très attirante. Tu m'as toujours semblé très désinvolte à ce sujet; je pensais que tu prenais ta beauté pour acquise et que tu étais très sûre de toi.

KATHY: Je ne me sens pas du tout ainsi. J'ai l'impression d'avoir un physique ingrat; je ne sais pas très bien de quoi j'ai l'air ni de quoi je voudrais avoir l'air; je suis même honteuse de me poser des questions là-dessus. Récemment, je regardais des magazines et je détaillais les gens dans la rue; je me demandais comment ils faisaient pour vivre avec leur image et se l'approprier. J'étais presque aussi intriguée qu'une petite fille à un spectacle de magie.

PAMELA: N'est-ce pas de cela que nous parlions il y a quelques sessions lorsque nous disions qu'on ne nous a jamais appris à être des femmes? Nous avons l'impression que personne, et surtout pas nos mères, ne nous a appris à nous habiller et à apprécier notre corps.

KATHY: C'est vrai, et il semble que cela va loin. J'ai même l'impression que non seulement ma mère ne m'a pas aidée mais qu'elle m'a aussi découragée de voir mon côté féminin, si vous voyez ce que je veux dire... Je me souviens de tout ce qu'une fille ne devait pas faire mais je ne me rappelle pas avoir eu tout ce que les autres filles avaient: les caresses, le magasinage, les discussions sur l'apparence physique. Peut-être que les autres ne l'avaient pas davantage, mais je crois tout de même que ce sentiment de privation a fait en sorte que je me sens très peu à l'aise avec tout ce qui touche la féminité et que j'en ai plutôt honte.

JENNIFER: Ce n'est peut-être pas le bon moment pour parler mais je me demandais si tu ne pourrais pas te servir du groupe pour obtenir ce type d'attention... Je veux dire... il est évident que nous te trouvons toutes adorable; nous comprenons que tu ne puisses partager tout à fait cette opinion, mais pour ma part, je serais très heureuse de t'aider à débrouiller toutes ces émotions liées à l'image physique et à la féminité.

KATHY: En fait, mon image de moi-même est si déplorable que je me demande si vous êtes honnêtes en me parlant ainsi. Mais je sais que c'est *mon* problème et, effectivement, j'aimerais faire quelque chose pour le régler...

PAMELA: Peut-être pourrais-tu faire quelque chose qui pourrait t'aider: essaie de penser à ces images que tu as remarquées dans la rue ou dans les magazines et qui t'ont plu et de t'imaginer ainsi. Tu comprends ce que je veux dire?

KATHY: Je me sens un peu ridicule, comme si je prenais quelque chose qui ne m'appartient pas et que je me l'appropriais...

PAMELA: Eh bien, c'est un peu cela. Mais c'est davantage comme si tu essayais des choses que tu as déjà eu envie de porter sans oser le faire. Je suis d'accord avec toi: ce n'est pas encore intégré. Mais c'est un début.

KATHY: Si j'oublie toutes mes vieilles habitudes, il y a une allure qui me séduit. Je la décrirais comme un «look» des années soixante, je ne sais pas, quelque chose comme une espèce de bohème élégante, un peu comme ta façon de t'habiller, Belinda. De belles lignes... — mais je suppose que tu sais comment réussir cela parce que tu as le sens du «design». Si je pouvais m'habiller comme cela, je me sentirais peut-être mieux dans ma peau.

JENNIFER: Bon, alors pourquoi ne t'imagines-tu pas habillée comme cela, des pieds à la tête, tu sais: avec le sac, les bijoux, etc. Que se passe-t-il?

(*Un grand sourire apparaît sur le visage de Kathy.*)

Dans cette interaction, le groupe aide Kathy à trouver ce qu'elle cherche et lui donne cette permission qu'en tant que femme elle n'a jamais eu l'impression d'avoir: le droit d'explorer et d'exprimer ce qu'elle aurait envie de faire avec son corps.

(*Kathy se redresse, modifie sa façon de s'asseoir et se demande quelle sensation cela lui donne.*)

BELINDA: Nous avons à peu près la même taille. Veux-tu essayer mes vêtements?

KATHY: J'ai toujours eu envie de porter une chemise et un veston comme ceux que tu portes.

BELINDA: Alors vas-y. (*Elle lui passe ses vêtements.*) Essaie! (*Kathy met les vêtements de Belinda mais retrouve sa posture habituelle.*)

JENNIFER: Pourquoi n'essaies-tu pas de te tenir d'une manière qui va avec l'allure que tu cherches?

KATHY: C'est très agréable. Puis-je me regarder dans le miroir? (*Elle se dirige vers la glace.*) Je crois que je sais pourquoi j'ai du mal à me réconcilier avec cette image. Je ressemble beaucoup à ma tante, la soeur de mon père, que l'on décrivait comme une femme dure mais en échangeant des clins d'oeil. J'ai toujours senti que ma mère la désapprouvait parce qu'elle était célibataire, qu'elle avait des amants et qu'elle était aventureuse dans son temps. J'ai du mal à me tenir ainsi parce que je suis trop habituée à être mal fagotée, mais je me sens quand même davantage comme je voudrais être.

BELINDA: Quand tu as commencé à parler, tu as dit que tu ne savais pas quelle image tu voudrais projeter, mais peut-être le sais-tu plus que tu ne le penses. Cela ne semble pas si vague que cela. Mais peut-être préférerais-tu essayer d'autres styles de vêtements?

KATHY: Le plus important, c'est que j'arrive à me convaincre que j'ai le droit de penser à ce genre de choses.

BELINDA: Peut-être devrions-nous consacrer toute une session à ce sujet. J'aimerais apporter ici des vêtements que j'ai achetés mais que je n'ose pas porter en dehors de chez moi. Vous pourriez me dire si je suis ridicule lorsque je les porte.

LES MEMBRES DU GROUPE: C'est une bonne idée. Nous avons toutes ce genre de problèmes.

PAMELA: Peut-être devrions-nous aussi repenser aux femmes de notre famille et nous demander en quoi leur image nous a affectées.

C'est là un aspect de votre image physique que vous voudrez peut-être examiner pour vous-même. Demandez-vous en quoi l'image des femmes de votre famille a influencé votre propre image. Étaient-elles grosses ou minces? Quel était le rôle de chacune à l'intérieur de la famille — était-elle admirée, aimée, crainte, détestée, mise à l'écart, exploitée, écrasée, ostracisée, imitée? Attardez-vous aux jugements qui vous viennent à l'esprit si vous vous imaginez vêtue d'une certaine façon. Vous faites-vous penser à quelqu'un d'autre? Prenez le temps de ressentir ces émotions et donnez-vous la permission de vous habiller ainsi malgré elles.

La session s'est poursuivie. Pamela a parlé d'un aspect de son image qui la préoccupait beaucoup: elle détestait ses gros seins. Elle raconta qu'elle n'avait jamais vraiment aimé son corps à cause d'eux et qu'elle évitait d'être mince parce qu'elle n'avait pas un corps parfait. Tant qu'elle restait grosse, elle n'avait pas à affronter ce fait. Si elle était mince, pensait-elle, elle serait tout aussi insatisfaite de son corps et, proportionnellement, ses seins sembleraient encore plus gros. Elle avait peur d'être enceinte parce qu'elle serait si énorme qu'elle aurait l'air d'une paire de seins au-dessus d'un ventre monstrueux.

Les autres membres du groupe ont réagi de plusieurs manières. D'abord, elles lui ont fait remarquer qu'elle avait une vision déformée de son corps: lorsqu'elle se regardait dans une glace, elle ne voyait que ses seins alors que les autres femmes voyaient son corps en entier. De plus, elle se tenait le dos voûté, ce qui accentuait le volume de sa poitrine plutôt que de l'atténuer. Elles lui firent aussi observer qu'elle avait perdu du poids depuis qu'elle faisait partie du groupe et qu'en même temps le volume de ses seins avait diminué proportionnellement. Pamela a commencé à concentrer son attention sur le dégoût que lui inspirait son corps — d'où venait ce sentiment et que cachait-il?

Belinda expliqua qu'elle commençait à comprendre qu'elle avait toujours eu peur du succès, tant au niveau de sa carrière d'architecte que pour ce qui était d'accepter son corps et son apparence physique. Elle se rendit compte qu'elle adoptait constamment un comportement d'échec sans même s'en rendre compte jusqu'à la fin de la journée; à ce moment, en faisant le bilan, elle se rendait compte que, en de nombreuses occasions, elle avait cherché la défaite. Elle s'aperçut qu'elle redoutait l'indépendance que ses succès professionnels lui permettaient d'atteindre et qu'elle avait du mal à accepter le fossé que, selon elle, sa carrière creusait entre elle et les autres. Ce sentiment la troublait profondément.

Le groupe travailla avec elle pour examiner comment son alimentation compulsive s'intégrait dans tout cela; selon elle, manger de façon compulsive était une façon d'effacer ses contours et exprimait sa peur d'être définie. Elle croyait aussi que le fait de se concentrer sur ses problèmes alimentaires était une diversion qui lui évitait d'affronter le problème beaucoup plus grave que lui posait son travail.

Carol parla de sa sexualité et de sa relation avec son mari. Elle avait l'impression que son obésité la retenait auprès de son mari, et qu'elle ne pouvait se permettre de perdre du poids parce qu'alors elle ne pourrait faire face à son désir d'une relation sexuelle et émotive qu'elle ne trouvait pas dans le mariage. Elle ne croyait pas que son union pouvait évoluer comme elle le souhaitait mais, en même temps, elle avait peur de la séparation. Depuis qu'elle s'était jointe au groupe, elle était très attirée par un autre homme, et ils avaient envisagé la possibilité d'avoir une aventure amoureuse. Mais elle ne voulait pas être déloyale envers son mari. Elle se disait que, si elle pouvait attirer un homme et être attirée par lui malgré son excédent de poids, une fois mince, sa sexualité serait à peu près incontrôlable et qu'elle aurait des problèmes encore plus graves. Avec le groupe, elle essaya de dissocier un peu sexualité, poids et désir sexuel. Elle ne trouva pas de solution mais se rendit compte de la force de ses pulsions sexuelles et décida de réfléchir à la façon dont elle pourrait les vivre de façon plus satisfaisante.

Les thèmes abordés au cours de cette session sont très

fréquents chez les femmes qui ont des problèmes d'alimentation compulsive. Aucune de ces femmes n'arrivait à se sentir à l'aise dans son corps et à avoir une relation détendue avec la nourriture. Chacune entretenait des fantasmes: qui serait-elle si elle se sentait mince ou si elle projetait une image de minceur: une femme différente.

Pour Carol, la minceur évoquait la sexualité; pour Belinda, être mince signifiait être isolée et indépendante; pour Pamela, qu'elle devrait s'accepter telle qu'elle était — tant qu'elle était trop grosse, elle pouvait mettre ses imperfections sur le compte de son obésité; pour Kathy, être mince signifiait se donner la permission de s'habiller et de se comporter avec un certain brio; Jennifer craignait de passer inaperçue si elle maigrissait.

Ces craintes sont entremêlées de fantasmes inconscients sur les significations symboliques de l'obésité et de ce qu'elle exprime pour chacune de ces femmes. Après plus de six mois de rencontres, ces femmes en étaient toutes arrivées à comprendre suffisamment leurs mécanismes intérieurs pour se rendre compte qu'elles avaient de «bonnes raisons» de ne pas être minces; elles savaient qu'il ne s'agissait pas seulement d'un problème de manque de contrôle ou de volonté et que leur compulsion alimentaire était une réaction et un mécanisme de défense auxquels elles avaient recours lorsqu'elles n'arrivaient pas à affronter directement des problèmes plus profonds.

Comment poser des questions

Si nous revenons sur cette session, nous pouvons constater qu'à condition de s'en tenir à des questions très simples et de leur laisser le temps de parvenir à leur destinataire, les femmes du groupe peuvent faire un «travail» psychologique très efficace ensemble. Il est très important de veiller, comme ce groupe, à ne pas se bombarder de questions. Aidez-vous les unes les autres à mettre à jour les émotions que cache l'alimentation compulsive et les significations symboliques que chacune attribue à l'obésité et à la minceur.

Lorsque vous vous posez des questions, assurez-vous de vous laisser le temps de répondre de l'intérieur plutôt que de provoquer des répliques rapides et intellectualisées. N'imposez pas vos questions; cela ne donne rien. Proposez-les et, si elles ne semblent pas utiles, repensez-y; essayez de vous mettre temporairement dans la peau de l'autre pour comprendre ce qu'elle ressent.

D'innombrables questions peuvent se révéler utiles. Il ne s'agit pas de montrer que vous pouvez poser de bonnes questions, mais de le faire de façon à toucher le coeur du problème et en donnant à l'autre le temps de répondre. Par exemple, les questions suivantes auraient pu aider Jennifer (la première femme à parler dans la session que nous venons de décrire) à réfléchir sur son réflexe de se diriger automatiquement vers le frigo lorsqu'elle va chez sa mère:

1. Peux-tu dire ce que tu cherchais?
2. Qu'essaies-tu de trouver?
3. Quel âge avais-tu l'impression d'avoir devant la porte du réfrigérateur?
4. Qu'aimerais-tu trouver quand tu ouvres la porte du réfrigérateur?
5. Quels sentiments t'efforces-tu de ravaler en mangeant?
6. Que serait-il arrivé si tu ne t'étais pas dirigée immédiatement vers le frigo?

Une autre façon d'intervenir aurait pu être de se concentrer sur un aspect quelconque de la journée décrite par Jennifer en relation avec ses attentes, son sentiment d'être ignorée, son désir de trop manger et son espoir d'obtenir quelque chose de sa mère. Par exemple, Jennifer aurait pu trouver utile de parler du repas lui-même; dans ce cas, les questions suivantes auraient pu l'aider:

1. Te souviens-tu des sentiments que tu éprouvais lorsque tu t'es assise?
2. Qu'est-ce que ta mère avait préparé?
3. Cette nourriture avait-elle une signification particulière pour toi?
4. Comment se passaient les repas lorsque tu vivais encore chez tes parents?
5. Quel était le climat à table?
6. Jouais-tu un rôle particulier à table?

7. Peux-tu identifier les sentiments qui t'agitaient au moment précis où tu as cessé de t'alimenter agréablement pour commencer à manger plus que tu ne le désirais?

Lorsque vous posez des questions, il est important de garder à l'esprit les précisions suivantes:

1. Posez vos questions une à la fois, en laissant à la personne tout le temps nécessaire pour les digérer et y répondre (ou ne pas le faire si elle ne croit pas que cela puisse l'aider).
2. Posez vos questions en exprimant votre sympathie pour le problème de chaque femme. Essayez de trouver où elle est bloquée et posez votre question avec l'intention de l'aider à se libérer de ce blocage.
3. Posez des questions qui clarifient des émotions, non des concepts ou des abstractions impersonnelles. L'objectif n'est ni de satisfaire votre curiosité ni de dissiper votre propre confusion sur le sujet.
4. Si vous ne savez pas au juste pourquoi vous avez envie de poser une question en particulier, commencez par vous la poser à vous-même. Demandez-vous ensuite si elle est susceptible d'être utile à l'autre personne.
5. Souvenez-vous que vous posez une question dans le seul but d'aider l'autre. Essayez de ne pas vous sentir rejetée si elle ne la retient pas.

Il n'est ni utile ni approprié de dire à celle qui parle que son travail vous ennuie. Cela risque fort d'avoir moins à voir avec elle qu'avec *vous*. Faites un peu d'introspection et vérifiez si vous ne détournez pas votre attention pour couper court à des émotions désagréables ou douloureuses, ou si votre ennui ne vient pas d'un conflit latent entre vous et celle qui parle.

Les problèmes d'alimentation sont souvent plus évidents dans le contexte familial. Les comportements alimentaires vécus dans l'enfance avec les parents contiennent souvent la clé des problèmes de compulsion alimentaire actuels, même si ceux-ci se manifestent aujourd'hui dans bien d'autres situations. Servez-vous de l'exercice intitulé «Le repas familial»* (page 169) pour explorer les liens entre votre histoire alimentaire familiale et votre comportement alimentaire actuel.

Revenir sur les moments difficiles

Un autre type d'intervention utile à Jennifer serait de lui suggérer de revivre la scène qu'elle a vécue avec ses parents, mais cette fois pour voir si elle aurait pu ne pas trop manger au dîner et permettre aux sentiments qu'elle essayait de ravaler de remonter à la surface. (Pour ce faire, l'exercice intitulé «Augmenter sa conscience alimentaire»* (page 151) s'avérera utile.)

Jennifer se remémorerait le repas en lui-même et tous les sentiments qui y étaient associés. Elle laisserait la scène se dérouler rapidement dans sa tête, en s'attardant au moment où elle a continué à manger alors que son corps n'avait plus faim. En examinant ce moment, Jennifer essayerait de ressentir ce qui se passait en elle. Elle aurait pu s'apercevoir par exemple qu'elle éprouvait de la colère contre sa mère, colère porteuse de troubles, et même d'effroi.

Une bonne façon d'explorer et de décharger de tels sentiments de colère serait de demander à l'une des membres du groupe de jouer le rôle de la mère de Jennifer afin que Jennifer puisse lui dire combien elle est blessée et en colère. Ainsi, elle pourrait, en toute sécurité et sans redouter la réaction de sa mère, se soulager du poids qui pèse sur sa poitrine; peut-être découvrirait-elle que ces sentiments sont moins dramatiques qu'elle ne l'imaginait. Par cette méthode préparatoire, Jennifer pourrait constater ce que cela signifie de reconnaître sa colère contre sa mère; elle pourrait ensuite décider d'une ligne de conduite dans la réalité. (L'exercice intitulé «Exprimer ses sentiments»* (page 153) pourra également être utile.)

La fin de la rencontre

Une fois que la dernière du groupe a fini de parler, il est bon de consacrer une quinzaine de minutes à discuter en groupe de ce que vous aimeriez faire à la prochaine session. Cela peut vouloir dire choisir ensemble un exercice et donner à l'animatrice de la prochaine réunion la responsabilité d'apporter une bande préenregistrée de l'exercice choisi.

Puis, pour clore la réunion, l'animatrice pourrait demander à toutes les membres du groupe de s'asseoir calmement une minute ou deux pour réfléchir à ce que chacune retire de la rencontre. Cette période de retour sur vous-même permet d'éviter que l'une ou l'autre ne quitte le groupe dans un état d'inconfort émotif et donne à chacune la possibilité d'exprimer ses besoins avant de partir. Tout à la fin de la rencontre, vous pourrez décider de faire un dernier tour de parole où chacune dira comment elle se sent.

Voici comment les membres du groupe que nous avons observé ont conclu leur session:

PAMELA: Je me sens beaucoup mieux même si je sais qu'il me reste beaucoup de travail à faire. Merci beaucoup de votre aide et de votre compréhension.

BELINDA: Je me sens un peu tendue par rapport à ce que j'ai dit, comme si mes découvertes risquaient de m'échapper. J'ai peur de les ravaler en me mettant à manger. J'aimerais m'assurer que cela n'arrivera pas.

LE GROUPE: Eh bien, nous pourrons en reparler à la prochaine session; en attendant, tu pourrais t'astreindre à définir par écrit les sentiments que tu essaies d'oublier au lieu de les ravaler en mangeant. Cela te permettra de voir jusqu'à quel point tu as de la difficulté à accepter leur existence.

BELINDA: Merci. C'est une bonne idée; je vais essayer.

CAROL: Je me sens très soulagée d'avoir parlé comme je l'ai fait mais, en même temps, j'ai envie de crier: À L'AIDE! J'ai peur!

LE GROUPE: C'est très compréhensible. Mais tu dois te souvenir que tu n'as pas à agir dès maintenant. Pour l'instant, il s'agit seulement d'essayer de départager tes émotions. Tu peux jouer avec l'idée de quitter ton mari ou d'avoir une aventure avec un autre homme sans passer à l'action tant que tu n'es pas sûre de toi.

JUDY: Je me sens beaucoup mieux rien que d'avoir parlé comme je l'ai fait ce soir.

KATHY: Moi aussi et je m'étonne toujours que ce sujet m'amène si loin. Je commence à parler de quelque chose et je me retrouve avec une compréhension beaucoup plus large et intense des choses.

JENNIFER: Je comprends ce que tu veux dire. Je me sens toujours à la fois plus mal et mieux à la fin d'une session. Vous savez, un jour, j'irai chez ma mère et je ne mangerai pas trop. J'y suis bien décidée.

Passer une journée ensemble

Passer une journée avec d'autres mangeuses compulsives peut vous permettre d'injecter une énergie nouvelle dans votre travail. Vous pourrez vous adonner à toute une série d'exercices qui non seulement vous fourniront matière à réflexion mais qui donneront également un sentiment de cohésion aux membres du groupe. Si vous désirez passer une journée ensemble, je vous suggère de vous trouver une grande pièce confortable et de vous assurer que vous ne serez pas dérangées. Préparez d'avance une partie de la rencontre et gardez-vous du temps libre pour laisser place à la spontanéité et à l'imprévu. Si vous avez envie de relâcher la règle de durée égale du temps de parole pour chacune, remplacez-la par un exercice ou un sujet qui intéresse tout le monde et qui tient compte des besoins de chacune.

Notre groupe de mangeuses compulsives a décidé de se réunir un samedi, de dix heures à dix-huit heures. Elles ont convenu qu'elles profiteraient aussi de cette journée pour essayer de manger lorsqu'elles auraient faim et de s'arrêter lorsqu'elles seraient rassasiées. Pour faciliter ce travail, elles ont décidé d'apporter toutes sortes d'aliments qu'elles aimaient.

Chaque femme devait manger lorsqu'elle sentirait sa faim. Le groupe ne fixa donc aucune heure de repas; elles s'accordèrent simplement un temps d'arrêt au milieu de la journée pour bavarder, s'allonger, faire une promenade ou, bien sûr, manger pour celles qui avaient faim. Chacune des femmes devait prévenir le groupe au cas où elle avait envie de manger sans faim physique, ou si elle était tentée de continuer à manger au-delà de son appétit; ainsi, il devenait possible de s'interroger sur-le-champ sur les motivations d'une éventuelle impulsion compulsive vers la nourriture.

Exercices choisis: s'habiller comme sa mère

Une fois ces règles minimales établies, le groupe peut choisir les activités de la journée. Kathy souhaitait travailler à se créer une image qui lui conviendrait. Elle a proposé un exercice qui allait au coeur de ce qu'elle identifiait comme son problème: la confusion entre son identité en tant que femme et l'image prédominante de la féminité incarnée par sa mère. Elle se disait que, si elle arrivait à essayer d'agir comme sa mère, elle pourrait peut-être exorciser la présence physique maternelle et libérer la sienne propre. Elle annonça au groupe qu'elle arriverait habillée comme sa mère pour voir ce qui se passerait.

Les autres membres trouvèrent l'idée si bonne qu'elles décidèrent toutes d'en faire autant. Finalement, la bizarrerie de leur accoutrement, l'excitation et les différences entre les diverses personnalités mises en lumière donnèrent à la journée un départ en force. Engagées dans une activité collective relativement compromettante, les femmes du groupe réussirent à affronter les émotions complexes que déclenchait cette émulation directe et chaleureuse avec leur mère. Presque toutes constatèrent avec surprise à quel point elles avaient l'impression de ressembler à leur mère; cela suscita une importante discussion sur le rôle déterminant qu'avait joué celle-ci dans leur perception d'elles-mêmes.

En se mettant dans la peau de leur mère, les femmes de ce groupe ont découvert l'origine de certains des jugements que leur imposait une «mystérieuse petite voix intérieure»; pour presque toutes, ce fut une révélation de découvrir qu'elles se regardaient avec ce qui semblait être le regard de leur mère. Pendant l'exercice, elles s'adonnèrent à un «jeu de rôle», où elles parlaient à leur mère de leur apparence physique et de leur alimentation. Le désespoir, les jugements et les attentes de leur mère semblaient les avoir imprégnées au point de se refléter presque parfaitement dans leurs propres opinions.

Comprendre jusqu'à quel point la figure maternelle était vivace en elles a permis à ces femmes non pas tellement d'approfondir le pourquoi de ce phénomène, mais surtout de voir ce qu'elles en feraient. Kathy, par exemple, a compris que ce type d'attachement filial était un obstacle à son épanouissement comme être humain à part entière. Une fois cela clarifié, il lui restait à cesser de se cacher derrière la figure maternelle présente en elle.

Jennifer s'est aperçue qu'une grande partie des attentes qu'elle entretenait vis-à-vis de sa mère étaient un écho des attentes que sa mère lui avait exprimées silencieusement tout au long de son enfance. Elle constata que les terribles déceptions que lui inspirait sa mère et l'amertume qu'elles déclenchaient ressemblaient beaucoup à l'attitude que sa mère avait adoptée à son égard. En appréhendant le fardeau d'insatisfaction qui pesait sur la vie émotive de sa mère, Jennifer comprit qu'elle suivrait le même chemin si elle n'intervenait pas activement pour l'éviter. Pour sa mère, rien n'était jamais satisfaisant; elle se comportait en perdante. S'habiller comme elle fut pour Jennifer une expérience très riche; elle comprit que les aspects de la personnalité de sa mère qui la désespéraient déterminaient en grande partie sa façon de se percevoir elle-même.

Cet exercice permit à Pamela de regarder sa poitrine d'un autre oeil: en s'habillant et en se tenant comme sa mère, elle constata qu'elle trouvait beaucoup de ressemblance entre son corps et celui de sa mère, *sauf* pour ce qui était de ses gros seins. Elle se souvint de son embarras lorsqu'elle avait voulu son premier soutien-gorge et qu'elle ne trouvait personne à qui en parler; elle avait l'impression de ne pas pouvoir se confier à sa mère parce que celle-ci la considérait encore comme une petite fille.

Revivre cette situation à laquelle elle avait souvent repensé mais sans *ressentir* les émotions qui y étaient associées soulagea beaucoup Pamela. Elle raconta aux autres qu'elle avait l'impression que le sang venait de recommencer à circuler dans ses seins. Elle essaya de se tenir droite et sentit pour la première fois jusqu'à quel point elle était courbée; cette posture était une réaction au malaise qu'elle avait éprouvé devant sa poitrine naissante. Comme elle courbait le dos depuis des années, elle décida de chercher des exercices qui l'aideraient à se redresser.

Cet exercice permit à chacune des femmes du groupe d'identifier la part d'elle-même qu'elles tenaient de leur perception de leur mère; processus extrêmement utile puisqu'il ramène nos vieilles habitudes d'autodénigrement en pleine lumière. Une fois leur origine cernée, elles deviennent moins automatiques et moins opprimantes.

L'exercice du restaurant chinois

Notre groupe choisit ensuite un exercice plus directement lié à la nourriture: chaque femme imagina un scénario où l'on fêtait son anniversaire de naissance par un repas dans un restaurant chinois. Cet exercice* vise à explorer les questions suivantes:

1. Comment vous sentez-vous à l'idée de fêter cet événement avec d'autres personnes autour de la nourriture.
2. Qui compose le menu du repas?
3. Est-ce que chaque invitée compose son menu ou est-ce vous ou votre partenaire qui commande pour tout le monde?
4. Avez-vous pu inviter uniquement les personnes que vous aviez envie de voir?
5. S'il y a des conflits à table, quels sont-ils?
6. S'il y a des conflits, comment se répercutent-ils sur la nourriture?

Si vous désirez vous livrer à cet exercice pour votre propre compte, référez-vous à la page 173.

Dans notre groupe, toutes les femmes étaient ravies d'avoir un repas d'anniversaire. Pour ce qui est du menu, trois d'entre elles préféraient qu'on leur réserve la surprise tandis que les autres tenaient beaucoup à s'assurer qu'elles mangeraient leurs plats favoris. Aucune n'avait l'impression de pouvoir inviter uniquement les personnes qu'elle avait envie de voir; dans tous les cas, il y avait un invité (homme ou femme) non désiré qui, selon la femme fêtée, aurait été vexé de ne pas assister au repas. Ce constat a beaucoup d'importance, parce qu'il traduit, à un autre point de vue que celui de la nourriture et de l'obésité, le sentiment que pour ces femmes il était impossible d'affirmer leur volonté ou de montrer ce qu'elles ressentaient.

Lorsque chaque femme prit la peine de se demander en quoi le fait de dresser une liste d'invités qui leur conviendrait parfaitement affecterait leur soirée et leur relation avec la nourriture, on découvrit qu'elles auraient alors l'impression que les choses seraient «trop agréables». À divers degrés, la perspective de faire exactement ce qui leur plaisait suscitait en elles une certaine anxiété; elles avaient l'impression que c'était impossible ou qu'elles ne le méritaient pas.

Ces réactions, qui peuvent sembler surprenantes à première vue, découlent de notre apprentissage de la féminité. Si nous avons été encouragées à consacrer aux autres, en particulier à notre famille, toute notre énergie, nos préoccupations et nos espoirs, il est normal que nous éprouvions une certaine gêne, sinon de la culpabilité, lorsque nous nous occupons de nous-mêmes et de ce que nous voulons. Ce type d'anxiété, que l'on pourrait décrire comme la peur d'«en avoir trop», est une réaction très fréquente chez les femmes qui entreprennent une démarche d'autonomie. Vous risquez de la ressentir si vous essayez de perdre l'habitude de réprimer vos propres besoins.

Les exercices sur l'image physique

Un autre des exercices pratiqués par ce groupe se concentrait sur l'image physique. Les femmes s'imaginaient aussi grosses que dans leurs pires cauchemars, circulant au milieu des invités dans une réception quelconque; elles se promenaient dans la pièce et se parlaient entre elles, en essayant de voir comment elles se sentaient dans cette situation. Puis, elles recommencèrent le même scénario, mais cette fois comme si elles étaient toutes aussi minces que dans leurs rêves les plus fous.

Le plus frappant, c'est la différence d'une fois à l'autre lorsque vous faites cet exercice. Vous pourrez peut-être sentir qu'une partie de vous-même résiste à la minceur et, en même temps, être consciente de la douleur qui accompagne le fait d'être grosse et de vous sentir différente et exclue. Pour la plupart des femmes, la douleur constitue un progrès par rapport à la haine de soi aveugle qui les submergeait dès qu'elles étaient confrontées à leur obésité.

Vous pouvez également réutiliser l'exercice des «Fantasme sur l'obésité et la minceur»* (page 157) aussi souvent que vous le désirez, seule ou en groupe. Il vous aidera également à expérimenter toutes les émotions que vous associez à l'obésité et à la minceur.

Souvent, comme Pamela, nous avons tendance à concentrer notre dégoût sur une partie de notre corps. Cela nous amène à une perception déformée de cette partie de nous: nous nous regardons dans le miroir et nous ne voyons plus qu'elle. Nous nous imaginons que tous nos problèmes seraient résolus *si seulement* nos seins, nos cuisses, nos hanches, nos jambes, notre ventre n'étaient pas si... De même, vous pouvez fabuler en vous imaginant que la forme de cette partie de votre corps changerait du tout au tout si vous atteigniez votre poids idéal. Peu importe qu'il s'agisse toujours de la même partie de votre corps ou de parties différentes selon les moments, inévitablement des jugements viendront nuire à toute démarche d'acceptation de vous-même.

L'exercice intitulé «Les parties du corps»* peut vous aider à explorer la signification de votre insatisfaction et à surmonter les obstacles qui vous empêchent d'être à l'aise dans votre corps. Les sentiments que nous entretenons sur notre corps changent constamment. En reprenant cet exercice de temps en temps, vous pourrez suivre de près ces changements. Après avoir fait l'exercice «Les parties du corps» (page 165), revenez aux questions suivantes:

1. Quelles sortes d'associations vous sont venues à l'esprit par rapport à cette partie de votre corps?
2. D'autres membres de votre famille ont-ils le même genre de problème avec cette partie de leur corps?
3. Si oui, que pensez-vous de cette partie de leur corps?
4. Maintenant, prenez le temps d'explorer les thèmes qui ont émergé pendant que vous vous adonniez à ce fantasme. Repensez bien à votre première prise de conscience du malaise que vous donne cette partie de

votre corps. Quel rôle ce malaise joue-t-il dans votre vie, et quels problèmes émotifs masque-t-il? Y accordez-vous plus d'importance qu'il n'en mérite en réalité? Le fait de vous préoccuper de cette partie de vous-même vous *aide-t-il* d'une manière ou d'une autre?

5. Pourquoi détestez-vous tellement cette partie de vous? Est-ce parce qu'elle n'est pas conforme au stéréotype? Si, pendant l'exercice, vous avez greffé mentalement une partie du corps d'une de vos compagnes sur le vôtre, de qui s'agissait-il, et qu'est-ce que cela signifie pour vous? Si vous vous êtes imaginée plus jeune, qu'est-ce que cette période de votre vie avait de particulier?
6. Quelle est la fonction physiologique de cette partie de votre corps? Remplit-elle bien cette fonction? Vous sentez-vous à l'aise avec cette fonction organique?

Examiner les émotions

Un autre exercice pratiqué par ce groupe s'attardait aux émotions qui troublaient chacune des membres à ce moment précis. Par ce travail, elles touchaient des questions importantes pour les mangeuses compulsives puisque, comme nous l'avons déjà vu, la compulsion alimentaire sert souvent à masquer et à transformer des émotions bouleversantes. Carol, par exemple, voulait essayer d'examiner ses sentiments de colère, qui lui semblaient si épouvantables qu'elle devait les ravaler en se bourrant de nourriture. Belinda avait l'impression de toujours fuir sa tristesse; Pamela se demandait où était passé son enthousiasme de jadis; Judy et Kathy s'intéressaient à leur sentiment de compétition par rapport aux autres femmes; Jennifer voulait traiter son sentiment de culpabilité.

Cet exercice a été conçu par Luise Eichenbaum et par moi-même pour plusieurs ateliers sur un sujet précis qui se tenaient au Women's Therapy Centre à Londres, et qui visaient à explorer des questions fondamentales comme la colère, la jalousie, le sens de la compétition, la capacité de donner et de recevoir, la dépendance et les problèmes reliés au pouvoir. Vous pouvez tout aussi bien le faire chez vous; il vous permettra d'explorer vos sentiments et d'y réfléchir.

Si vous y consacrez du temps, cet exercice vous aidera également à accepter de ressentir des émotions désagréables. Le fait même de vous accorder du temps sera peut-être une expérience nouvelle pour vous; souvent les mangeuses compulsives s'aperçoivent qu'elles n'expérimentent qu'une fraction de seconde les émotions qui les blessent ou les bouleversent. Celles-ci sont aussitôt refoulées soit par une avalanche de nourriture, soit par une série de mécanismes psychologiques qui les bloquent. De telles émotions semblent souvent effrayantes mais cet exercice (que vous pouvez refaire fréquemment) peut vous aider à vous remettre doucement en contact avec vos émotions latentes. Il peut également vous permettre de comprendre pourquoi certaines émotions vous plongent dans une telle détresse.

Lorsque nous nous donnons la possibilité d'explorer une émotion, nous découvrons souvent qu'elle en masque une autre (peut-être encore plus complexe). En y allant doucement, vous pourrez saisir les nuances de ces émotions et en venir à les accepter. Souvent, une émotion est bouleversante en grande partie parce que vous ne pouvez accepter de la ressentir, ou encore parce qu'elle en cache une autre, ce qui augmente votre inconfort.

Vous pouvez maintenant passer à la page 155 et essayer l'exercice «Explorer ses sentiments»*.

Il est possible que certaines de vos réactions à cet exercice ressemblent à celles des femmes de notre groupe. Judy, professeur de musique, a découvert que ses rapports avec la compétition étaient beaucoup plus complexes qu'elle ne l'avait d'abord cru. Elle a constaté qu'elle ressentait des émotions très douloureuses lorsqu'elle comparait ses aptitudes musicales à celles de ses meilleurs étudiants. Sa première réaction fut de se sentir coupable mais, en allant un peu plus loin, elle constata qu'elle éprouvait un regret cuisant de ne pas avoir pris plus au sérieux son désir de reconnaissance professionnelle.

Judy se rendit compte que l'envie qu'elle éprouvait en se comparant aux autres lui servait à endormir sa peine face à sa propre existence. Ce n'était pas que les gens qui l'incitaient à être compétitive l'étaient eux-mêmes, ni qu'ils étaient particulièrement chanceux, ni même qu'ils attisaient ces sentiments chez elle, mais le fait d'être sans cesse en compétition lui servait de mécanisme de blocage pour lui éviter d'avoir à réfléchir sur ses problèmes réels. Elle projetait sur les autres ses conflits intérieurs autour de l'ambition.

Les sentiments compétitifs de Kathy découlaient de l'impression de ne pas être à la hauteur et d'être exclue par les autres. Dans ce cas précis, le sentiment de compétition qu'elle ressentait en présence des autres exprimait davantage son incapacité à s'accepter et à se convaincre qu'elle avait droit aux bonnes choses de la vie. Elle s'en servait presque comme d'un jouet psychologique avec lequel elle se fustigeait sans cesse, renforçant ainsi sa conviction intime d'être une incapable et d'être exclue par les autres. Une fois ce point clarifié, elle put l'intégrer dans ses efforts pour se sentir acceptée et reconnue.

Pamela remarqua que tout son enthousiasme la quittait si son mari n'avait pas avec elle l'attitude qu'elle souhaitait. Elle avait parfois l'impression qu'il ne comprenait ni sa personnalité ni ses aspirations. Elle avait besoin d'un contact intime, mais tout se passait comme si la source de son engagement émotif se tarissait, et elle se retrouvait seule avec sa déception et sa frustration.

Émotions et féminité

À mesure que nous nous permettons d'explorer plus en profondeur les émotions qui nous plongent dans la confusion et dans l'angoisse, nous constatons souvent l'existence de tabous intérieurs qui nous empêchent de vivre toute notre intégrité, d'être en contact avec nos émotions et de les exprimer. Autrement dit, les restrictions sociales qui servent de cadre d'apprentissage à toutes les femmes se reflètent sur le plan psychologique. Ces pratiques sociales sont renforcées légalement, économiquement, politiquement, idéologiquement et culturellement, par le biais de notre éducation familiale et scolaire; nous finissons par intérioriser émotivement une vision de nous-mêmes comme êtres inférieurs, comme citoyennes de seconde zone.

Lorsque, en tant que femmes, nous commençons à faire le bilan de notre expérience de vie, nous amorçons un processus où nous devons à la fois transformer notre façon de voir les choses et changer ce que nous pouvons changer. La prise de conscience est un outil très puissant pour défricher de nouveaux territoires à tous les points de vue. Cependant, certains aspects de ces révélations intimes peuvent être aussi douloureux que vivifiants. J'ai remarqué à maintes reprises dans ma pratique combien nous sommes choquées et bouleversées de découvrir que notre vie émotive profonde est soumise à une espèce de police intérieure qui sert à nous maintenir «à notre place». Et pourtant, cela est tout à fait sensé puisque personne ne devient une femme sans assimiler des messages très efficaces sur ce qu'elle peut et ne peut pas être.

Nous n'insisterons jamais assez sur la nécessité d'*être généreuse avec vous-même* lorsque vous explorez ces troublantes découvertes d'ordre émotif. Souvent, vous découvrirez en vous des sentiments peu compatibles avec cette nouvelle femme que vous aimeriez être. Ne péchez pas par excès de pudeur et n'hésitez pas à les regarder en face. Ils nous apprennent beaucoup sur notre identité, sur notre histoire personnelle et sur le travail qu'il nous reste à faire pour avancer.

Souvent, les femmes en cours de thérapie m'ont confié combien elles étaient mal à l'aise de se découvrir en compétition avec d'autres femmes, de découvrir qu'elles les jalousaient ou les enviaient. Parfois, le malaise est tel qu'elles renoncent à aller plus loin dans l'exploration de leurs sentiments, préférant laisser enfouies des émotions encore plus difficiles à accepter. Pourtant, la découverte de ces sentiments complexes et parfois troublants peut nous permettre non seulement d'approfondir notre compréhension du processus individuel qui a fait de nous ce que nous sommes, mais aussi de comprendre la gravité des conséquences psychologiques d'une organisation sociale qui nous refuse une partie de notre intégrité humaine à cause de notre sexe.

Si nous essayons d'échapper aux rôles sexuels rigides de notre société, il nous faut en savoir le plus possible sur la façon dont ils opèrent, tant au plan social qu'au plan émotif; ainsi, lorsque nous tentons de changer quelque chose, nous reconnaissons l'interaction entre les mondes politique et personnel. Le fait de découvrir que les femmes se sentent incapables, isolées, négligeables, inhibées et qu'elles contiennent leur colère et leur révolte nous permet de mieux saisir le fonctionnement de notre société et de mesurer le degré d'oppression dont les femmes sont victimes.

Jennifer, par exemple, a constaté qu'à ses sentiments de culpabilité se mêlaient de la révolte, de l'amertume et de la peur. Elle raconta au groupe un incident impliquant son mari Bob, sa fille Rachel et le groupe de mangeuses compulsives. Elle et son mari avaient conclu une entente: les mardis soir, Bob s'occupait de Rachel, ce qui laissait à Jennifer la liberté de faire ce qu'elle voulait. En fait, c'est le mardi soir que se réunissait le groupe de mangeuses compulsives; Jennifer l'attendait avec impatience pour sortir de la maison, aller prendre un verre avec une amie, puis rencontrer les autres.

Un mardi, à l'heure du lunch, Bob se vit offrir de façon imprévue un billet pour une pièce de théâtre qui l'intéressait. Il voulait y assister mais il ne chercha aucune solution de rechange pour faire garder Rachel. Lorsqu'il revint à la maison après son travail, il était convaincu que Jennifer comprendrait combien il tenait à voir cette pièce et qu'elle le remplacerait pour cette fois. À six heures, comme Jennifer s'apprêtait à quitter la maison avec une amie, Bob entra et lui parla de ses projets.

Jennifer, aidée par son amie, téléphona immédiatement aux autres membres du groupe pour leur demander de venir chez elle ce soir-là. Plus tard dans la soirée, Jennifer mangea de façon compulsive et fut submergée par la culpabilité. L'une des femmes n'avait pu être rejointe à temps et s'était rendue au rendez-vous initial, pour découvrir que le lieu de la réunion avait été changé à la dernière minute.

Jennifer se rendit compte que, toute la soirée, elle avait été distraite et incapable de se concentrer. Elle écoutait Rachel d'une oreille, espérant qu'elle se tiendrait tranquille et ne les dérangerait pas. Comme de toute façon elle avait eu l'esprit absent de cette réunion, elle se sentait gênée d'avoir obligé tout le monde à se déplacer.

Avant de faire l'exercice sur l'exploration des sentiments, Jennifer se rendait compte qu'elle était mal à l'aise d'avoir été si exigeante — en refusant de renoncer à une de ses réunions — et qu'elle se sentait coupable vis-à-vis des autres membres du groupe. Mais l'exercice mit à jour toutes sortes d'autres émotions occultées par sa culpabilité.

Jennifer découvrit qu'elle éprouvait beaucoup de rancune envers Bob qui lui avait laissé le problème entre les mains. Tout d'abord, elle s'était dit qu'elle ne pouvait pas lui en vouloir parce qu'elle n'avait pas protesté tout de suite. Elle avait l'impression d'avoir participé à une dynamique reposant sur la prémisse (tacite) qu'elle était la vraie responsable de Rachel et que les activités de Bob avaient nécessairement préséance sur les siennes.

Ce type de sentiments et les méandres qu'ils empruntent illustrent le genre de travail que vous aurez à faire pour régler votre problème de compulsion alimentaire. Entrer en contact avec vos sentiments intérieurs peut à la fois soulager, stimuler, torturer et rassurer. Il vaut toujours mieux affronter sa vie intérieure parce que les sentiments sont tenaces; si on les refoule, comme les mangeuses compulsives le font si souvent, ils continuent à motiver nos comportements sans ce que nous en ayons conscience. Nous finissons alors par poser des gestes en apparence confus et incohérents. En savoir davantage sur nos sentiments nous donne le sens de notre intégrité.

Pour apprendre à exprimer vos sentiments de façon appropriée et satisfaisante, référez-vous à l'exercice que vous trouverez à la page 153.

Les personnes «difficiles»

Dans chaque groupe, il est inévitable que les membres endossent différents rôles et différentes responsabilités, même dans un contexte où personne n'a plus d'expérience que les autres. En dépit de l'énergie que nous consacrons à faire du groupe un environnement où règnent l'égalité et la sécurité, chaque femme est unique, et la combinaison des particularités de chacune façonne le groupe et lui donne son originalité. En vous livrant à une expérience où vous mettrez l'accent sur vos motivations profondes, vous vous servirez du groupe pour explorer votre individualité, c'est-à-dire ce qui fait de vous celle que vous êtes, et sur le type d'expériences qui vous ont amenée (inconsciemment) à réagir en mangeant de façon compulsive et en vous servant de votre obésité comme mode d'expression. C'est une démarche différente de celle du groupe de conscience, où l'on met plutôt l'accent sur la similarité des diverses expériences féminines pour identifier les mécanismes sociaux qui affectent les femmes.

Des tensions peuvent surgir dans une situation de groupe à cause du fossé entre le type de personne que vous êtes en général — par exemple spontanée, passive, directive, etc. — et les aspects de vous-même que vous devez explorer pour résoudre votre problème de compulsion alimentaire. Dans un groupe, vous devrez faire appel à des aspects de vous qui ne vous sont peut-être pas familiers. Vous devrez cultiver la réflexion, la patience et la compréhension pour débusquer les émotions profondes qui vous poussent à manger de façon compulsive.

Il se peut qu'une des membres de votre groupe ait tellement de mal à trouver cette partie d'elle-même qu'elle agisse d'une manière que le groupe juge improductive. Certains groupes m'ont consultée pour savoir quoi faire lorsqu'une des membres semblait paralysante, dominatrice ou autoritaire.

Il est extrêmement difficile d'affronter ce genre de situation; vous serez peut-être tentée d'ignorer le problème ou d'essayer de l'oublier, en espérant qu'il se règle par miracle ou que la personne en cause soit obligée de quitter la ville de façon inattendue. Il peut s'écouler un certain temps avant que ces sentiments soient verbalisés par les membres du groupe et, le plus souvent, vous commencerez à en parler en dehors des réunions, au cours de conversations à bâtons rompus à deux ou à trois.

Le groupe que nous avons vu à l'oeuvre m'a justement demandé conseil pour un problème de cet ordre. Le sujet avait été soulevé au cours d'une réunion à laquelle Belinda n'assistait pas. La session avait été particulièrement agréable et, pendant les quinze dernières minutes, les femmes présentes s'étaient confié qu'elles avaient travaillé dans un climat de plus grande confiance. Ce constat soulevait la question de savoir jusqu'à quel point la présence de Belinda contribuait aux tensions et aux colères occasionnelles qui régnaient habituellement dans le groupe.

Plusieurs femmes avaient alors mentionné qu'elles avaient songé à quitter le groupe parce qu'elles la trouvaient autoritaire et qu'elles la redoutaient. Elles se sentaient très mal à l'aise et même un peu coupables d'en parler en l'absence de Belinda, mais elles savaient aussi qu'autrement aucune discussion n'aurait été possible. Avant de faire quoi que ce soit — et même d'en parler à Belinda —, elles décidèrent de se demander chacune de leur côté si Belinda ne leur servait pas de bouc émissaire.

Participer à un groupe d'entraide peut sembler difficile parce que, à cause de sa nouveauté, l'expérience peut être aussi troublante que stimulante. Toutes les femmes du groupe hésitaient beaucoup à confiner Belinda dans le rôle de la personne problématique; chacune comprenait qu'elle avait le devoir d'essayer de travailler sur leur compulsion alimentaire à toutes aussi efficacement que possible dans le contexte du groupe. Mais le soulagement qu'elles avaient toutes ressenties ce soir-là les poussa à me consulter.

En écoutant deux d'entre elles m'exposer la situation au téléphone, j'eus la nette impression que Belinda, femme très énergique mais incapable de travailler sur ses propres problèmes alimentaires, détournait d'elle cette énergie en prenant les problèmes des autres à sa charge, en s'en préoccupant outre mesure et en imposant ses idées sur ce que les autres devaient faire. Il m'apparaissait qu'elle avait peut-être peur de ce qu'il y avait en elle, de sa vie émotive et que sa personnalité dominatrice à la fois cachait sa vulnérabilité et détournait l'attention des autres sur leurs problèmes plutôt que sur les siens, tout en lui permettant de rester dans le tableau.

Le groupe décida que la meilleure chose à faire serait d'essayer de discuter de tout cela avec Belinda à la prochaine réunion en gardant la plus grande ouverture d'esprit possible quant à l'issue de la rencontre. Leur intention était de lui faire part de ce qu'elles avaient observé du fonctionnement du groupe sans elle. Elles furent très gentilles et s'abstinrent de tout jugement, prenant à leur compte la responsabilité de ne pas l'avoir interrompue dans le passé lorsqu'elles avaient trouvé ses commentaires inutiles. Elles lui ont dit comment elles se sentaient face à elle: qu'elle avait beaucoup d'ascendant et de pouvoir sur elles, que c'était en partie à cause deleurs difficultés qu'elles n'étaient pas intervenues différemment, qu'elles avaient trop compté sur son énergie et, finalement, qu'elles avaient cru pouvoir cacher leur incompétence thérapeutique derrière ses connaissances.

Belinda a été bouleversée mais aussi soulagée de reconnaître qu'elle agissait dans ce groupe comme elle l'avait fait à plusieurs reprises dans d'autres situations. Elle avait tendance à prendre le dessus et les gens la percevaient comme une femme remarquable et forte; pourtant, dans son for intérieur, elle se sentait petite et faible, comme si ses propres besoins n'étaient jamais comblés. Elle confia au groupe combien elle se sentait désespérée et vulnérable et elle leur expliqua qu'elle avait peur, en se livrant ainsi au groupe, de voir toutes les autres se sentir aussi impuissantes qu'elle.

Pour la première fois, Belinda révéla l'angoisse que lui causaient sa compulsion alimentaire et son obésité. Lorsqu'elle s'ouvrit et parla de sa douleur, comme elle s'y attendait, les femmes du groupe s'en trouvèrent accablées. Mais elles se sentirent aussi émues, et beaucoup plus proches d'elle; elles réussirent à rassurer Belinda et à la convaincre qu'*elles pouvaient la comprendre et même l'aider*.

Pendant la soirée, elles discutèrent de la manière dont Belinda avait évité de parler de sa propre expérience pour sauter sur celle de quelqu'un d'autre, et elles se demandèrent comment elles pouvaient toutes ensemble intervenir dans cette démarche pour que Belinda puisse retirer davantage du groupe sans envahir l'espace des autres. Elles s'engagèrent à surveiller pendant quatre sessions la dynamique selon laquelle Belinda s'attaquait avec toute son énergie au problème d'une autre femme, donnant à celle-ci l'impression qu'on lui tordait le bras.

Pour sa part, Belinda s'engageait à intervenir dès qu'elle était tentée de recommencer. Elle essayerait alors d'entrer en contact avec cette partie vulnérable d'elle-même, cette part qui se reconnaissait dans les propos de la femme qui parlait. Si celle-ci se sentait par trop envahie, elle essayerait de le dire le plus tôt possible afin de ne pas laisser les besoins de Belinda prendre toute la place et aussi pour prévenir celle-ci de l'inutilité de son intervention.

Cette démarche donna d'excellents résultats dans ce groupe qui se révéla assez solide pour assumer le bouleversement de Belinda et la convaincre d'utiliser le potentiel collectif dans son propre intérêt. Mais les choses ne se passent pas toujours ainsi, et le groupe doit parfois en arriver à une décision plus difficile qui perturbe toutes les femmes concernées.

S'il y a dans votre groupe une femme que les autres n'aiment pas ou jugent difficile à accepter, voici ce que je conseille:

1. Demandez-vous d'abord pourquoi vous trouvez cette femme difficile à accepter. Est-ce son caractère? Est-elle directive? Autoritaire? Toujours à côté du sujet? Est-elle dominatrice? A-t-elle une difficulté d'identification? Quels sont ses problèmes d'alimentation compulsive? Vous rappellent-ils les vôtres? Vous sert-elle de bouc émissaire?
2. Pouvez-vous imaginer un moyen de renverser cette dynamique? Pourrait-elle profiter de ce que vous avez à dire sur elle ou ne pourrait-elle qu'en être blessée?

Prenez le temps de discuter avec elle, de lui dire ce qui vous préoccupe. Peut-être a-t-elle besoin d'une aide supplémentaire, en thérapie individuelle par exemple. Peut-être est-elle très ambivalente quant à sa participation à un travail de groupe dans cette période de sa vie. Peut-être n'est-elle pas prête à traiter son problème d'alimentation compulsive. Essayez de trouver ensemble une solution qui lui permettrait de rester dans le groupe et de travailler différemment. Sinon, envisagez de lui demander de partir, même si cela vous semble difficile. Il existe un réel danger que la frustration qu'engendre sa présence fasse éclater le groupe; cependant, lui demander de partir ne sera pas facile et pourra susciter des sentiments complexes chez les autres membres du groupe.

Si vous avez à recourir à cette décision, il importe de le faire collectivement et donc de discuter à fond de ces sentiments. Dans la plupart des cas, plusieurs membres du groupe seront prêtes à passer à l'action alors que plusieurs autres se sentiront trop mal à l'aise pour agir. Cet état de choses peut entraîner une sorte de statu quo où les femmes seront moins assidues aux réunions, y mettront moins d'énergie lorsqu'elles y viendront et où le groupe dépérira et s'effritera. Certaines des ex-membres pourront alors se regrouper et prendre un nouveau départ.

Les membres «difficiles» peuvent avoir des personnalités très différentes; c'est leur interaction avec les autres femmes qui peut causer des frictions, des bouleversements et des malentendus. Un groupe peut accepter relativement bien une femme qu'un autre groupe trouverait très difficile à intégrer.

Un groupe comprenant une femme très réticente, qui parle toujours la dernière sans y croire, peut la trouver «difficile». Les autres femmes peuvent déplorer le fait de toujours voir finir la réunion sur une note pessimiste et d'avoir l'impression d'être incapables de l'aider. Je conseillerais à ce groupe de s'efforcer d'amener cette personne à parler plus tôt dans la soirée et de l'encourager à se demander pourquoi elle a tant de mal à se livrer. Un autre groupe peut être exaspéré par une femme qui ne va jamais droit au but, qui déborde sa période de temps et qui est de façon générale incapable de se discipliner.

Pour tenter d'alléger de tels désagréments, je suggère de prévoir des bilans réguliers du processus collectif où les questions de temps et de fonctionnement pourront être abordées. Ces bilans devraient prendre au plus une vingtaine de minutes toutes les six ou huit sessions, sauf exception; ils vous permettront d'aérer les problèmes qui surviennent inévitablement dans tout groupe de mangeuses compulsives. Ils vous donneront également l'occasion de discuter de préoccupation qui débordent le travail habituel du groupe: planifications d'activités spéciales, intégration de nouveaux membres, ou encore discussion de problèmes particuliers entre deux membres du groupe qui, sans entraver le travail collectif, peuvent être douloureux pour les personnes concernées.

Le groupe d'entraide peut fournir un travail très efficace sur la question de l'alimentation compulsive tant qu'il se concentre sur le sujet en cause et sur la relation de chaque membre à la compulsion alimentaire. Le groupe aura tendance à être beaucoup moins utile s'il entre dans une dynamique de groupe où les interactions entre les membres deviennent le centre d'intérêt, ce qui constitue un détourne-

ment des objectifs initiaux. S'attarder à des dynamiques de groupe complexes dans ce contexte peut servir de mécanisme de défense à des femmes qui redoutent de travailler sur les sujets fondamentaux: la compulsion alimentaire, l'obésité et la minceur. (Si vous vous intéressez davantage à la dynamique qui s'établit entre les membres d'un groupe, je vous conseille plutôt de vous joindre à un groupe de thérapie qui se consacre d'abord et avant tout à cette question.)

Intensité et ennui

De temps en temps, comme n'importe qui, seule ou en groupe, vous traverserez des hauts et des bas, des périodes d'ennui, d'autres de désespoir, etc. Ce n'est pas parce que vous vous asseyez pour travailler que les résultats seront automatiquement spectaculaires et les révélations passionnantes. En fait, il se peut que, plusieurs semaines de suite, vos sessions se réduisent à un travail pénible, voire même absurde.

Presque toutes les femmes qui ont adopté cette méthode ont traversé des périodes d'ennui et de découragement où elles avaient envie de tout laisser tomber. Tout semble stagnant et vous n'avez plus d'énergie. En soi, ce phénomène n'est pas entièrement négatif selon moi; associée au syndrome de la compulsion alimentaire, on trouve une tendance presque aussi compulsive à voir les choses en termes extrémistes — vous êtes merveilleuse ou horrible, vous êtes une star ou alors vous n'êtes personne, etc. Les événements ne peuvent être qu'extraordinaires ou affreux. Autrement dit, la vie n'existe que dans l'intensité et vous ne vous attardez jamais à ce que le quotidien peut vous offrir.

Paradoxalement, cet extrémisme est en fait un état de privation car il oblitère des dimensions cruciales de l'expérience humaine. Tout se passe comme si la personne en cause doutait de son existence dès qu'elle ne ressent pas une vive souffrance ou un bonheur extatique. Cette attitude se traduit dans l'alimentation: la mangeuse compulsive passe d'un extrême à l'autre, de la crise de boulimie au régime le plus draconien.

Expérimenter la banalité, l'ennui, la frustration et le

découragement peut ne pas être inutile; vous apprenez à tolérer ce genre de sentiments sans fuir à toutes jambes et sans vous plonger dans l'activité débridée, la dépression profonde ou les excès alimentaires. En acceptant de vivre ces sentiments, vous commencez à voir que vous pouvez survivre dans un environnement émotif qui ne soit ni dramatique ni spectaculaire; cela diminue votre besoin d'être toujours intensément engagée dans une activité compulsive. En acceptant ces humeurs, nous apprenons à en avoir moins peur et à les explorer pour ce qu'elles sont. Souvent, le profil psychologique de la mangeuse compulsive trahit un besoin profond d'échapper aux aspects les plus terre à terre de la vie quotidienne. Pourtant, ces moments ont leur charme si nous savons les apprécier; les ondulations d'une mer calme peuvent être aussi prenantes que l'intensité dramatique d'une mer déchaînée.

Dans ces périodes que vous trouvez ennuyeuses et banales, il vous sera utile d'observer vos réactions et de comprendre comment elles vous affectent. Peut-être êtes-vous en train d'apprendre à exprimer un côté de votre personnalité que vous avez longtemps négligé, un aspect de vous qui n'est pas toujours brillant, ou passionnant, ou voué au bien-être des autres; un côté de vous qui est assis tranquillement à profiter de ce qui se passe, sans avoir rien à faire, rien à entreprendre, sans avoir à déployer d'énergie, sans craindre de se retrouver en tête-à-tête avec vous.

Il ne faut pas confondre cet apprentissage des tête-à-tête avec soi et du calme intérieur avec cet autre état qui se traduit par une sensation d'ennui et de passivité et que vous éprouvez lorsque vous n'osez pas prendre le risque d'explorer les racines de vos problèmes d'alimentation. Il est important de vous rappeler que cet ennui-là n'est peut-être qu'un moyen d'éviter les changements qui pourraient découler d'un travail efficace sur vos problèmes alimentaires.

Créer un climat de sécurité psychologique

Parfois, l'énergie déserte les lieux, et le climat est à la dépression et au pessimisme. En d'autres mots, la sensation d'étouffement devient presque tangible, comme par ces journées humides où le ciel semble nous peser sur les épaules. Cela peut être le cas si vous ou votre partenaire, ou encore tous les membres du groupe, avez tellement peur d'examiner vos problèmes alimentaires que vous laissez toute votre énergie à la porte avant de commencer une session et que vous vous transmettez les unes aux autres une sorte d'avertissement tacite («Ne pas déranger») très difficile à surmonter. La meilleure chose à faire dans cette situation, c'est d'admettre qu'elle existe. Si cette stagnation persiste plusieurs semaines, et que vous semblez incapable de générer de l'énergie, il se peut que le climat du groupe ne soit pas assez sécuritaire pour permettre une ouverture.

Cela arrive parfois si vous avez l'impression, même sans vous l'avouer, que la période que vous consacrez chaque semaine à votre problème alimentaire n'est pas suffisante. Dans ce contexte, vous ouvrir peut vous faire sentir trop vulnérable, surtout si vous savez que ce que vous avez à révéler sur vous (et *à vous*) est un état de besoin. Dans plusieurs groupes, les femmes se sont entendues pour se téléphoner les unes aux autres entre les réunions du groupe et ont trouvé cette habitude fort utile. Si le groupe est constitué de femmes qui ne se connaissent pas au départ, vous pourriez proposer ces coups de téléphone plutôt que d'attendre et d'espérer que cela se produise spontanément. Si vous travaillez seule, vous pourriez inviter une amie de confiance à participer à votre démarche et à vous aider à affronter vos peurs (il serait de loin préférable qu'elle ait également des problèmes d'alimentation).

Par exemple, certaines femmes craignent de s'ouvrir parce qu'elles ont peur de perdre le contrôle. Telle femme peut avoir l'impression que son problème est si grave que ni elle ni personne d'autre ne peut le résoudre. Si elle pouvait s'arranger pour téléphoner à des amies ou à d'autres membres du groupe tous les soirs, par exemple, pour parler de ses émotions et de son alimentation de la journée, elle se sentirait peut-être en sécurité pour faire de nouvelles tentatives. La plupart des femmes ne considèrent pas ce genre d'arrangements comme un fardeau et seront heureuses de donner un coup de main à condition de savoir clairement ce qu'on attend d'elles.

Le groupe peut aussi trouver d'autres solutions: entre autres, des sessions d'une durée de cinq ou six heures, où tout le monde a davantage de temps pour travailler et aller au fond des problèmes.

CHAPITRE 7

L'organisation d'un groupe de mangeuses compulsives

Le départ

Il peut y avoir plusieurs obstacles à surmonter lorsqu'on s'attaque à des problèmes d'alimentation compulsive. Cela s'explique par la combinaison de plusieurs facteurs: la conviction intime que le syndrome est incurable, la difficulté d'affronter directement les aspects émotifs de la compulsion alimentaire et, finalement, la dynamique même du problème, c'est-à-dire la résistance à persévérer et à assumer ouvertement la responsabilité de son alimentation.

Pour de nombreuses femmes, le fait de participer à un groupe de mangeuses compulsives sera une première expérience de thérapie. Même si elles ont beaucoup d'idées sur ce que devrait être un tel groupe, elles risquent de ne pas trop savoir comment mettre en pratique nos théories sur *l'alimentation compulsive.* Ces deux facteurs — le problème de la compulsion alimentaire lui-même et l'inexpérience de la pratique thérapeutique — peuvent se combiner et se traduire par des problèmes d'organisation dans les groupes. Ce chapitre vise à vous faire partager l'information que nous avons accumulée sur les groupes au Women's Therapy Centre; ainsi vous pourrez profiter de notre expérience et voir si certains de vos problèmes n'auraient pas été résolus par d'autres groupes.

Au départ, certaines femmes ignorent comment entrer en communication avec un groupe, ou comment en créer un s'il n'y en a pas dans leur secteur. La première chose à faire, c'est de vous informer auprès du centre des femmes le plus proche de chez vous pour savoir si un tel groupe existe déjà; comme les groupes sont maintenant très nombreux, il est probable que vous en trouverez un de cette façon. Sinon, l'étape suivante pourra être de placer des affiches dans des lieux publics — bureau de médecins, collèges et universités — ou de publier une petite annonce dans le journal local, pour convoquer une réunion à un moment et à un endroit précis. Il est préférable de procéder ainsi plutôt que de se contenter de recueillir des noms et des numéros de téléphone, et ce pour plusieurs raisons: les femmes pourront se libérer d'avance, vous n'aurez pas à jongler avec des horaires contradictoires et vous minimiserez les discussions sur la direction du groupe.

À votre première rencontre, vous voudrez probablement vous dire mutuellement pourquoi vous voulez participer à un groupe de travail sur l'alimentation compulsive. Voyez si vous avez vraiment des intérêts communs. Il vous semblera probablement important de parler de vos expériences à propos de la nourriture et de discuter de ce qui vous intéresse dans cette méthode.

Si vous connaissez toutes notre théorie sur *l'alimentation compulsive*, vous pourrez commencer votre thérapie de groupe dès la première réunion. Sinon, il vaudrait mieux que les femmes qui ne l'ont pas lu prennent d'abord connaissance du livre pour s'assurer qu'elles s'engagent dans une démarche qui leur convient. Cela évite aussi que la femme qui a organisé la rencontre se retrouve coincée dans une position de «leadership» parce qu'elle connaît mieux nos théories.

Cette question est très importante, parce qu'il est assez difficile d'être à la fois leader et participante d'un groupe. La présence d'une ex-mangeuse compulsive pourrait s'avérer très utile à un groupe qui prend son départ; par contre, une femme qui souhaite la mise sur pied d'un groupe pour pouvoir travailler sur ses propres problèmes d'alimentation et d'image physique serait bien avisée de ne pas se percevoir comme leader uniquement parce qu'elle en est l'initiatrice. Il s'agit d'un groupe d'entraide, ce qui signifie que l'engagement de chaque membre doit être à la fois individuel et collectif; il ne vous sera d'aucune utilité de vous reposer sur une seule personne. Si vous avez pris l'initiative d'organiser la première réunion, précisez tout de suite que vous l'avez fait pour permettre un travail collectif et que vous ne tenez pas à en assurer le leadership; le groupe devra évoluer de façon à en assumer collectivement la responsabilité.

Une fois que vous avez rassemblé le groupe (idéalement, de six à dix femmes), vous auriez intérêt à convenir d'un moment de réunion fixe, mais aussi à prendre l'engagement de vous revoir toutes les semaines pendant six mois. Cet engagement dans le temps dissipera vos craintes de confier des choses intimes en ignorant si vous recevrez de l'attention et de l'aide la semaine suivante. Cela peut également forcer le groupe à faire face à une réalité peut-être difficile à accepter: chez la plupart des gens, cette méthode ne donne pas de résultats instantanés. Il faut du temps pour apprendre à manger autrement et à se sentir différemment dans son corps. Ne sous-estimez pas ce fait. Donnez-vous et donnez au groupe la possibilité d'être utile à chacune de vous.

Essayez d'assister à toutes les réunions et de prévenir les membres si vous devez en manquer une. Si vous avez du mal à vous intégrer au groupe ou si vous êtes angoissée par les questions qui s'imposent à vous, essayez d'en parler avec les autres pour qu'elles vous aident.

Le lieu de réunion

Tant de problèmes inattendus peuvent se poser dans ce genre de groupes expérimentaux que mieux vous planifiez votre travail, plus le groupe a de chances de survivre.

Ainsi, il vaut mieux trouver un lieu fixe pour vos réunions; ou encore, si cette solution ne convient pas à toutes, décidez d'avance où vous vous rencontrerez la prochaine fois pour que personne n'ait à s'en inquiéter. Il est préférable de ne pas trop vous éloigner pour que la distance ne devienne pas un prétexte pour manquer une réunion lorsque des raisons d'ordre émotif vous feront hésiter à vous y rendre.

Le questionnaire du Women's Therapy Centre nous a appris que certaines femmes aimaient se réunir à leur domicile en faisant une rotation; d'autres préfèrent l'anonymat d'une salle d'église ou d'un centre communautaire. Si le groupe comprend plusieurs mères, celles-ci risquent d'avoir des difficultés de garde d'enfants; ces groupes se rencontrent donc souvent chez ces femmes. Quelle que soit la solution choisie, il est important qu'elle convienne à toutes les membres du groupe, que toutes sachent où se tiendra la prochaine séance et que les réunions commencent à l'heure convenue.

La planification des premières sessions

Une fois que vous aurez choisi le moment et le lieu, vous passerez à la planification des premières rencontres. Les premières semaines, vous apprendrez à vous connaître un peu les unes les autres, vous acquerrez une nouvelle perception de vous-même et vous amorcerez le processus qui conduira à établir le climat de sécurité et de confiance dont vous aurez besoin pour vous ouvrir sur les douloureux problèmes associés à la compulsion alimentaire. Dans mon premier ouvrage intitulé *Maigrir sans obsession* — que je vous conseille de lire avant la deuxième rencontre —, j'ai proposé certains exercices conçus pour aider chaque femme à identifier les problèmes sous-jacents à sa compulsion alimentaire. Vous trouverez deux de ces exercices, légèrement modifiés, dans la deuxième partie du présent ouvrage: «Fantasme sur l'obésité et la minceur»* et «Le fantasme du supermarché» (pages 157 et 177). À mesure que le travail du groupe avancera, vous trouverez une infinité de sujets dont vous voudrez discuter.

Vous voudrez peut-être commencer votre première rencontre par un tour de table où chacune prendra de dix à quinze minutes pour se présenter et faire l'historique de son problème d'alimentation. Bien sûr, nous pourrions toutes parler pendant des heures et des heures sur ce thème mais, dans ce premier exercice, vous devriez viser certains objectifs. D'abord, vous devez transmettre des informations choisies et utiles sur vous-même — sans vous étendre en essayant de trouver ou d'éviter l'essentiel, mais en cherchant plutôt à traduire en mots la douloureuse histoire de votre relation avec votre corps et avec la nourriture au fil des ans. Essayez de parler de vos émotions; comment votre problème d'alimentation vous a-t-il affectée dans le passé et comment vous affecte-t-il en ce moment? Quand avez-vous constaté pour la première fois que vous aviez un problème à propos de la nourriture? Comment, ou à cause de qui en avez-vous pris conscience? Dans quelle mesure votre problème est-il lié à votre famille? La nourriture était-elle un sujet de dispute à la maison? Était-ce un problème caché? Aviez-vous des amis ou amies touchés par des problèmes similaires? Étiez-vous toujours au régime? Avez-vous déjà atteint un poids qui vous convenait? Qu'arrivait-il lorsque vous étiez arrivée à votre poids idéal? Que ressentiez-vous chaque fois que vous recommenciez à engraisser? Etc.

Deuxièmement, vous devez essayer de voir si certains comportements types ou certaines réactions psychologiques se dégagent lorsque vous faites un bilan de votre histoire. Troisièmement, vous apprendrez à parler dans un climat d'entraide de questions qui risquent d'être très délicates. Toutes les femmes du groupe ont eu des problèmes de cet ordre et peuvent donc se montrer compréhensives. Vous aurez le temps de parler et on vous écoutera sans vous interrompre de sorte que vous entendrez vos mots se répercuter; vous commencerez à prendre conscience de ce qui est significatif pour vous.

En exposant votre problème d'alimentation, vous vous apercevrez sans doute que le sujet déborde la période de quinze minutes qui vous est allouée et vous souhaiterez peut-être poursuivre cet exercice chez vous; donnez-vous du temps, disons une heure, pour réfléchir seule sur le sens que vous trouvez à votre histoire. Vous pouvez vous servir d'un magnétophone pour revenir tranquillement sur ce que vous avez vécu ou encore noter vos observations dans un journal. Choisissez la méthode que vous préférez pour travailler à l'extérieur du groupe.

Après le tour de table, les femmes du groupe auront peut-être envie de passer les dix ou quinze dernières minutes de la réunion à cerner les thèmes communs, à s'identifier les unes aux autres et à se faire part de ce qui les a frappées dans les propos qu'elles viennent d'entendre si elles pensent que cela peut être utile et révélateur. Ensuite, vous devriez prévoir qui enregistrera le texte de l'exercice de la semaine suivante. Je vous suggère de commencer avec celui des «fantasmes sur l'obésité et la minceur», et de consacrer la troisième semaine à celui du «fantasme du supermarché».

Si vous avez soif d'attention en vous joignant au groupe, et que votre tour ne vient pas aussi vite que vous l'auriez voulu, vous risquez de trouver les réunions difficiles. Ou encore, vous aurez peut-être l'impression de n'avoir rien à dire, ce qui peut trahir une forme de résistance engendrée par la peur de ce qu'il y a au fond de vous. S'il s'écoule une heure avant que votre tour vienne, vous risquez de vous sentir encore plus à l'écart. Pour éviter cela, je vous conseille de commencer chaque session en permettant à une femme différente de parler la première.

Au début de la réunion, choisissez la femme qui s'occupe du minutage (il devrait y avoir une rotation pour cette tâche). Divisez-vous en équipes de deux pour une courte période de «co-counselling»; l'animatrice proposera que celles qui parlent les premières disent à celles qui écoutent ce qu'elles ont en tête lorsqu'elles pensent à la nourriture et à leur image publique. Après cinq ou six minutes, l'animatrice vous dira d'inverser les rôles. Le fait de parler dès le début de la réunion peut diminuer les problèmes de résistance, d'impatience ou de confusion quant au sujet dont vous voulez parler. Cela vous permet aussi d'établir un lien clair entre vos activités de la journée, y compris le fait de venir à la réunion, et le travail que vous vous apprêtez à faire sur l'alimentation compulsive.

Dix ou quinze minutes plus tard, lorsque chacune a eu la possibilité de parler et d'écouter, je vous suggère de vous asseoir en silence une ou deux minutes pour réfléchir sur ce que vous ferez de votre période de temps ce soir-là.

Aimeriez-vous approfondir quelque chose qui s'est présenté pendant le co-counselling, ou avez-vous l'impression qu'un autre thème est plus pressant? Identifiez clairement vos priorités et vos intentions pour la soirée, selon ce qui vous semble le plus pertinent.

Dans la deuxième partie de la session, l'animatrice pourra commencer par demander si quelqu'un voudrait parler la première. Certains groupes procèdent par rotation pour s'assurer que tout le monde parle, y compris les plus timides. D'autres prêtent une attention particulière à celles qui restent en retrait et les incitent à parler les premières pour que l'attente n'augmente pas leur nervosité. D'autres encore choisissent de laisser libre cours à la spontanéité tout en s'assurant que ce ne soient pas toujours les mêmes qui commencent; ainsi, celles qui s'affirment moins ont aussi leur chance.

Il ne s'agit pas de tordre le bras aux membres pour qu'elles mettent leur âme à nu, mais de créer un climat de confort et de sécurité pour que chacune puisse parler librement de nourriture, d'obésité et de minceur. Pour libérer cet espace, il vaut mieux que chaque femme puisse utiliser son temps de parole comme elle le souhaite, plutôt que de l'encadrer avec rigidité dans un thème ou une activité, à moins bien sûr que tout le monde ne soit d'accord pour s'y adonner.

Lorsque vous structurez les sessions, je vous conseille de diviser également le temps entre les membres du groupe, afin d'éviter certains problèmes qu'ont connus les premiers groupes. Vous minimisez ainsi le risque que certaines femmes dominent les autres et vous vous assurez d'un mécanisme qui vous permettra de rétablir l'équilibre si nécessaire. De plus, ce fonctionnement remet la responsabilité du groupe, et donc des progrès individuels, entre les mains de chaque individu, ce qui coupe l'herbe sous le pied à celles qui cherchent à prendre le leadership, ou qui l'ont déjà pour une raison ou pour une autre.

Il arrive que, dans un groupe, on ait l'impression que les choses seraient plus faciles et les résultats plus convaincants s'il y avait un «leader» pour guider et diriger les autres. Sans s'en rendre compte, les participantes peuvent projeter ces attentes sur une ou deux membres du groupe, et il est bien possible que ces dernières acceptent de jouer ce rôle. Cependant, la plupart du temps, cette situation n'est pas souhaitable, en particulier pour les «élues», parce que celles-ci risquent de consacrer beaucoup d'énergie aux autres sans en recevoir autant en échange. De plus, si des attentes s'installent, les membres du groupe seront facilement déçues si le leader d'occasion ne peut les assumer.

Dans cette démarche d'entraide, vous apprendrez en même temps des choses sur vous-même et sur la manière d'aider les autres. Le groupe sera d'autant plus fort que chaque femme aura la possibilité de constater qu'elle peut être un leader. Pour provoquer cela, vous pourriez par exemple assister à des ateliers sur la démarche thérapeutique, en tant qu'individu ou en tant que représentante du groupe, et en rendre compte aux autres femmes. Vous pouvez aussi faire des lectures sur les collectifs de thérapie. Vous y trouverez une foule de suggestions et d'exemples sur cette démarche. Toutefois, n'oubliez pas que votre groupe a un objectif précis et que vous ne devez pas perdre de vue votre travail sur la nourriture et l'image physique.

Que faire si des femmes quittent le groupe

Les femmes quittent un groupe pour différentes raisons. Certaines partiront parce qu'elles ont l'impression d'avoir réglé leur problème; d'autre encore, parce qu'elles sont découragées. Si vous songez à partir, il serait bon de discuter de vos raisons avec les autres femmes du groupe pour vérifier si elles résistent à la discussion. Vous auriez également intérêt à fixer d'avance le moment de votre départ. La femme qui part peut être transportée de joie, craintive, reconnaissante, déçue, fâchée ou découragée. Son départ pourra susciter chez celles qui restent toute une gamme de réactions allant du découragement à la peur et du soulagement à la colère.

Comme ce genre d'événement suscite toutes sortes de sentiments contradictoires et marque la vie du groupe, il serait utile de réserver du temps pour en discuter. Celles qui partent parce qu'elles ont réussi voudront recevoir les félicitations et l'appui du groupe. Celles qui restent auront envie de parler des conséquences de ce départ sur elles, comme l'impression d'hériter de la responsabilité du groupe, la peur de remettre en question son fonctionnement parce que cela risquerait de menacer son existence même, ou le sentiment qu'elles doivent trouver chaque semaine quelque chose d'intéressant à dire pour soutenir l'intérêt des autres, etc. Prolongez le temps de parole de chacune pour que ce qu'elle a à dire là-dessus n'empiète pas sur le travail directement relié à l'alimentation compulsive qui doit se poursuivre chaque semaine.

Ouvrir ou fermer le groupe?

Votre groupe devrait-il pratiquer une politique d'ouverture à de nouveaux membres ou, au contraire, devrait-il se fermer après une période de stabilisation du «membership»? La question est de taille, et vous devrez y répondre à la lumière d'un élément crucial: qu'est-ce qui favorisera le plus le climat de confiance indispensable pour que chaque femme puisse parler ouvertement de ses peurs, de ses désirs, de ses conflits et de ses angoisses devant la nourriture, l'obésité et la féminité.

La diversité des expériences ne nous permet pas de trancher en faveur de l'une ou l'autre des solutions. Certains groupes disent travailler mieux en groupe fermé: la stabilité du groupe, la possibilité d'apprendre à bien connaître chaque membre et la sécurité que donne la continuité leur semblent plus propices à établir un climat d'acceptation mutuelle, d'appui et d'écoute attentive. D'autres pensent qu'accepter de temps en temps une nouvelle membre regénère le groupe. D'autres encore n'arrivent pas à obtenir de consensus sur cette question à l'intérieur de leur groupe.

Chaque groupe devra agir selon ce qui lui convient le mieux. S'il y a désaccord entre les membres, vous pourrez peut-être vous entendre sur une solution de compromis — le groupe reste fermé pendant un certain temps (disons trois mois) et s'ouvre ensuite pour accueillir une nouvelle membre qui sera «interviewée» et devra être agréée par toutes les anciennes.

Plusieurs raisons peuvent vous inciter à intégrer d'autres femmes: votre groupe est trop restreint, l'amie d'une des membres s'y intéresse vivement, plusieurs membres sont parties, etc. Après l'arrivée d'une nouvelle membre, le groupe traversera inévitablement une période d'adaptation. La nouvelle se sentira peut-être perdue et maladroite, et le groupe, bousculé dans ses habitudes. Par contre, l'arrivée de nouvelles membres produit souvent un regain d'énergie très positif. Les anciennes peuvent trouver l'occasion de faire le bilan du chemin parcouru ensemble et, en expliquant à une nouvelle le travail du groupe, de traduire dans leurs propres termes ce qu'elles ont appris sur elles-mêmes et sur le processus d'une thérapie d'entraide.

Comme le cheminement d'un groupe peut s'étendre sur plusieurs années, il est inévitable que sa composition change avec le temps. Ce fait vous amènera peut-être à vivre plusieurs phases dans un même groupe. Si vous êtes le seul groupe de mangeuses compulsives de votre secteur, on fera pression sur vous pour que vous acceptiez de nouvelles membres. Des femmes qui ont entendu parler de votre travail vous téléphoneront et vous écriront pour demander de l'aide. Je crois que la meilleure chose à faire dans ce cas est d'essayer de trouver dans votre groupe deux femmes qui accepteraient de mettre sur pied un autre groupe. Avec la collaboration de membres éventuelles, elles pourraient, par exemple, organiser une rencontre des femmes désireuses de faire partie d'un groupe, leur faire part de leur expérience, puis laisser le nouveau groupe se débrouiller.

Nous, les mangeuses compulsives, avons tendance à essayer de nous accommoder du reste des gens, même à nos dépens. Il est important de ne pas perdre de vue nos propres besoins et de ne pas sacrifier la sécurité de notre groupe à notre sensibilité à la souffrance des autres. Aussi bizarre que cela puisse sembler, il est essentiel que vous appreniez à établir des frontières entre vous et les autres. Donc, lorsque vous examinez ce genre de questions, assurez-vous que le groupe reste orienté vers les désirs et les besoins individuels des membres.

Assurer la réussite

Pour que le groupe fonctionne bien, il vous faudra y consacrer beaucoup d'énergie. Il est très tentant d'espérer qu'une fois intégrée à un groupe, vous verrez s'envoler tous vos problèmes. Je n'insisterai jamais assez sur le fait que les choses ne se passeront pas ainsi. Seule l'observation active et l'intervention concrète aboutiront à une modification de votre alimentation et de votre image physique.

Prenez le temps de travailler à la solution de votre problème. Faites de votre réunion hebdomadaire une activité prioritaire; permettez-vous d'exprimer vos peurs, votre découragement, vos frustrations, vos inquiétudes et vos progrès dans le groupe. Apprenez à même votre propre expérience et celle des autres.

Les groupes d'entraide peuvent nous apprendre beaucoup sur la richesse de notre vie intérieure, richesse souvent occultée par les préoccupations que nous donnent l'obésité et l'alimentation compulsive. De nombreux groupes génèrent un climat de tendresse, de compassion et d'appui mutuels. Soyez patiente avec vous-même et faites des efforts pour obtenir du groupe ce dont vous avez besoin. Bonne chance, de tout coeur!

DEUXIÈME PARTIE

Les exercices psychologiques

Comment utiliser les exercices

Tout au long du livre, vous avez vu le signe * vous renvoyant à un exercice spécifique que vous trouverez dans cette deuxième partie. Lorsque vous vous adonnez à ces exercices, soyez certaine d'avoir du temps devant vous. Ne les faites pas avec précipitation; vous n'en tireriez guère de profit. Si vous prévoyez faire un exercice, accordez-vous une bonne demi-heure. Cela s'applique à tous les exercices à part «Interrompre une crise de boulimie», qui vous sera très utile pour intervenir rapidement lors d'un épisode boulimique. Avant de commencer les exercices, vous devriez vous procurer une cassette vierge de cent vingt minutes; enregistrez lentement le texte des exercices, en faisant de longues pauses là où il y a des points de suspension. Si vous préférez, demandez à une amie de le faire. À titre indicatif, chaque exercice dure entre sept et dix minutes. Quelle que soit votre méthode, il vous sera beaucoup plus facile de fermer les yeux et d'écouter un enregistrement que d'avoir à interrompre vos fantasmes pour lire les exercices.

Asseyez-vous dans un fauteuil confortable avec le magnétophone à portée de la main pour pouvoir le mettre en marche et le fermer sans avoir à vous lever.

Avant de répondre aux questions qui accompagnent plusieurs exercices, restez assise et prenez un moment pour réfléchir en silence.

Les exercices sont conçus pour vous aider à envisager sous un nouvel angle certains aspects de votre vie émotive. J'ai essayé de vous aider à recréer diverses scènes en suggérant à votre imagination des images qui pourront vous inspirer. Ce n'est pas tout le monde qui a de la facilité à «fantasmer», surtout au début (bien que certaines femmes adorent cela dès la première fois), et certaines se sentent d'abord un peu ridicules; d'autres sont réticentes à s'asseoir, à fermer les yeux et à s'adonner à un fantasme guidé. Mais, la plupart du temps, nous sommes surtout nerveuses ou embarrassées de nous laisser aller à notre imagination ou, encore, nous avons peur de ne pas le faire correctement. Vous remarquerez parfois qu'au lieu de poursuivre le fantasme que je vous suggère, votre esprit prend une autre direction, et vous ne savez pas comment réagir. Il se peut que vous n'arriviez pas du tout à «fantasmer» et que vous soyez distraite par des pensées qui n'ont rien à voir avec le fantasme proposé. Ou encore, vous vous retrouverez en train d'interrompre le fantasme à mi-chemin, ou de façon intermittente; les longues pauses sont là pour vous aider à vous détendre et à faire place aux images mentales qui se présentent à votre esprit. En groupe, vous pouvez vous sentir un peu mal à l'aise si votre fantasme s'avère moins élaboré que ceux des autres membres. Quelle que soit votre réaction, le plus important est de vivre votre expérience, d'essayer de ne pas paniquer et d'être aussi ouverte que possible à ce qui se présente à votre esprit, même si cela semble être aux antipodes du sujet du fantasme. Ne vous découragez pas si votre premier fantasme ne vous conduit pas à des découvertes fulgurantes.

Plus vous travaillerez vos exercices, plus votre esprit s'habituera à les intégrer et plus vous en retirerez. Chaque fois que vous recommencerez, vous vous rendrez compte que vous apprenez quelque chose de nouveau sur vous-même. Parfois, la révélation sera presque imperceptible et, à d'autres moments, vous serez surprise de la variété de vos réactions.

* LA CUISINE IDÉALE

Asseyez-vous confortablement et détendez-vous. Je voudrais que vous fermiez les yeux. Imaginez que vous vous retrouvez seule, et heureuse de l'être, dans un endroit où vous avez tout ce que vous voulez. Choisissez l'endroit et le paysage — le soleil, la mer, la montagne, la forêt, la ville comme il vous plaît... Vous habitez dans un petit appartement qui fait partie d'un site de vacances merveilleusement conçu. Chaque appartement possède sa propre cuisine, mais vous pouvez aussi vous faire monter tout ce dont vous avez envie par un simple coup de téléphone ou, encore, descendre à la salle à manger... Reconstituez avec le maximum de détails ce site magnifique où vous avez choisi de passer en solitaire deux ou trois jours de vacances. Maintenant, je voudrais que vous alliez dans la cuisine et que vous jetiez un coup d'oeil sur les provisions qu'on a préparées pour vous... Souvenez-vous que c'est un endroit magique et ne soyez pas surprise d'y trouver tous vos aliments préférés... À mesure que vous inspectez le frigo, le plat de fruits, le plateau de fromage, la jarre à biscuits, la boîte à pain, etc., constatez avec quel soin on a choisi toute cette nourriture dans le seul but de vous faire plaisir... Alors, que ressentez-vous devant toute cette nourriture? Peut-être la contemplez-vous avec satisfaction, peut-être vous sentez-vous comblée, peut-être vous sentez-vous en sécurité?... Pendant que vous regardez les aliments, que vous ressentez toute une gamme de sentiments et que vous jouissez de votre tranquillité, imaginez que vous quittez temporairement la cuisine pour vous faire couler un bain... Le bain rempli, je voudrais que vous y entriez et que vous vous détendiez. Pensez au plaisir de vous trouver là, avec tous vos aliments favoris, choisis spécialement pour vous... Concentrez-vous sur les aspects positifs de la situation... Allongez-vous dans le bain et prenez le temps de vous demander ce que vous aurez le plus envie de faire dès que vous sortirez de la salle de bain... Avez-vous faim?... Si oui, qu'aimeriez-vous manger et comment?... Avez-vous envie d'être seule ou d'avoir de la compagnie?... Qu'est-ce qui vous conviendrait le mieux?... Voilà que vous l'avez... Maintenant, imaginez-vous en train de manger si vous avez faim... Peut-être ne voulez-vous pas manger tout de suite et préférez-vous faire une sieste, prendre un bain de soleil, bavarder avec quelqu'un, nager, skier, lire, marcher, regarder la télévision; trouvez ce que vous avez vraiment envie de faire et faites-le... Personne n'entrera ici sans que vous le vouliez; vous pouvez donc faire exactement ce dont vous avez envie... Et maintenant, je voudrais que vous restiez dans cet état d'esprit mais que vous reveniez au lieu et au moment présent pour envisager la possibilité de vous offrir l'aliment dont vous avez le plus envie dès que vous éprouverez de nouveau les signaux physiques de la faim... Pouvez-vous le faire?... Si cela vous semble difficile, est-ce à cause d'un problème d'argent?... Pensez au budget que vous allouez à la nourriture et demandez-vous si vous ne pourriez pas éliminer quelque chose à quoi vous ne tenez pas vraiment pour vous offrir ce que vous voulez manger... Avez-vous l'impression de ne pas avoir le droit de manger ce dont vous avez vraiment envie?... Essayez d'identifier toute résistance que vous pourriez avoir à bien vous occuper de vous-même pour ce qui est de la nourriture... Maintenant, abandonnez votre rêve et revenez dans la pièce où vous êtes. Ouvrez les yeux et faites quelque chose qui vous détend — vous pouvez rester assise dans votre fauteuil si vous le désirez, ou encore prendre un vrai bain... Choisissez une activité qui vous permettra de réfléchir encore cinq minutes sans interruption. Si vous utilisez une enregistreuse, arrêtez-la. Quand vous serez prête, revenez à cet exercice. Asseyez-vous, fermez les yeux et repensez aux vingt-quatre dernières heures de votre vie. Essayez d'identifier les occasions où votre façon de manger a été agréable et satisfaisante et celles où ce n'était pas le cas... Essayez de savoir pourquoi votre façon de manger n'était pas satisfaisante... Était-ce à cause de la nourriture, des gens, de votre manière de manger?... Détendez-vous et repensez avec le maximum de détails à autant de situations possibles... Maintenant, reportez votre attention sur les aliments que vous voudriez avoir maintenant dans votre cuisine, et à ce que vous aimeriez le mieux manger... Essayez de prolonger ce sentiment, trouvez exactement l'aliment ou la boisson dont vous avez envie... Quand vous serez prête, ouvrez les yeux, et répondez au questionnaire qui suit l'exercice.

1. **Comment vous sentez-vous face aux aliments qui se trouvent dans votre cuisine en ce moment?**

2. **Votre cuisine contient-elle des aliments que vous aimez particulièrement?**

3. **Quels sont vos aliments préférés? Les avez-vous découverts récemment ou les aimez-vous depuis votre enfance? Faites une liste. Y a-t-il des humeurs particulières qui vont avec des aliments particuliers?**

4. **Comment vous sentiez-vous en présence de tous vos aliments préférés dans l'appartement idéal du fantasme?**

5. **Aimez-vous penser d'avance à ce que vous allez manger la prochaine fois que vous aurez faim ou trouvez-vous plus satisfaisant de répondre spontanément à cette faim? Souvenez-vous des aliments que vous préférez la prochaine fois que vous aurez faim et que vous ne saurez pas quoi manger.**

6. **Le fait de manger des aliments que vous aimez vous inquiète-t-il ou vous bouleverse-t-il? Si oui, de quoi avez-vous peur?**

* INTERROMPRE UNE CRISE DE BOULIMIE

Asseyez-vous, fermez les yeux et prenez quelques grandes respirations... Le fait que vous ayez réussi à vous éloigner de la nourriture pour écouter cet enregistrement est déjà un grand pas dans la bonne direction puisque vous avez interrompu votre crise de boulimie... Prenez le temps de ressentir votre soulagement... Maintenant, j'aimerais que vous repensiez au moment où vous vous êtes aperçue que vous alliez manger de cette façon... Est-ce que cela a débuté avant même que vous commenciez à manger?... Ou est-ce venu au cours d'un repas satisfaisant... ou insatisfaisant?... Remémorez-vous tous les détails... où vous étiez, avec qui, le climat général... Essayez de retrouver la sensation que vous avez éprouvée pendant que vous cédiez à votre boulimie... Vers quels aliments vous êtes-vous tournée?... Vous concentriez-vous sur leur goût ou leur texture, ou mangiez-vous d'une façon telle que vous ne sentiez et ne goûtiez rien? ... Vous priviez-vous d'un aliment en particulier auquel vous avez fini par succomber ou croyez-vous que vous avez plutôt essayé de fuir certaines émotions?... Que cherchiez-vous à trouver dans la nourriture?... Essayez d'identifier ce que vous vouliez vraiment... Essayez de traduire ce besoin en mots ou en images.... Ressentez à nouveau le soulagement d'avoir vaincu votre crise de boulimie... Et maintenant, demandez-vous ce que vous pourriez vous offrir de plus profondément nourrissant?... Une crise de larmes, un bain, une sieste?... Voulez-vous voir quelqu'un?... Écrire?... Téléphoner?... Voudriez-vous être dans les bras de quelqu'un de précis?... Essayez de trouver avec précision ce qui vous manque... Ne niez pas que quelque chose vous manque, même si vous ne savez pas quoi au juste... Quoi que ce soit, cela ne vous mangera pas et, surtout, la nourriture ne vous le donnera pas... Prenez conscience de votre faim émotive et accordez-vous quelques moments pour la ressentir directement... Demandez-vous tranquillement ce que vous aimeriez faire après avoir fini cet exercice et, lorsque vous vous sentirez prête, ouvrez les yeux.

* AUGMENTER SA CONSCIENCE ALIMENTAIRE

Fermez les yeux et installez-vous confortablement... Ce fantasme vous permettra de retourner en arrière pendant quelques minutes et de mieux prendre conscience de vos habitudes alimentaires... Remémorez-vous la dernière fois au cours de cette semaine où vous avez mangé plus que vous ne le vouliez ou au-delà de votre envie, et où vous l'avez fait en sachant que vous n'aviez pas faim... Si vous vous souvenez des détails et des particularités de cette situation, cela vous aidera à retrouver les émotions qui y étaient associées... Étiez-vous seule ou avec d'autres?... Dans votre cuisine ou dans un endroit public?... Reconstituez la scène avec toute la précision dont vous êtes capable, comme si vous regardiez un film où vous vivez cette situation... Maintenant, je voudrais que vous repassiez le film de cet incident, séquence par séquence... Commencez par vous concentrer sur ce qui est arrivé juste avant que vous mangiez sans avoir vraiment faim... Cette scène vous est-elle familière?... Est-ce dans ces circonstances que vous mangez trop d'habitude?... Est-ce toujours dans ce genre de situations que vous avez des problèmes avec la nourriture?... Vous étiez-vous préparée à manger ou vous êtes-vous seulement précipitée dans le réfrigérateur, à la pâtisserie, etc... Étiez-vous chez un ami, une amie, chez qui vous ne saviez pas comment réagir, ou vous sentiez-vous incapable de refuser la nourriture qu'il ou elle vous offrait?... Comment vous sentiez-vous?... Pouvez-vous donner un nom à ces sentiments?... Maintenant, laissez ces émotions remonter à la surface... Examinez-les soigneusement avant d'aller plus loin dans cet exercice... À présent, je voudrais que vous vous imaginiez en train de manger ce que vous avez mangé ce jour-là. De quoi s'agissait-il? Aussi méthodiquement que possible, demandez-vous quelle quantité de nourriture vous avez absorbée, à quel moment vous vous êtes sentie physiquement repue, et combien de temps vous avez continué à manger après avoir été physiquement satisfaite... Vous empiffriez-vous de nourriture avec l'énergie du désespoir ou mangiez-vous calmement?... Voyez si vous pouvez trouver les mots qui décrivent avec précision votre façon de manger... Pouvez-vous identifier quel type de satisfaction vous retiriez de la nourriture?... Maintenant, je voudrais que vous reveniez à ce qui se passait avant que vous ne commenciez à manger de façon compulsive ou au moment où vous avez commencé à manger sans appétit... Concentrez-vous sur votre état émotif... Si vos souvenirs ne sont pas précis, repensez aux incidents de la journée jusqu'à ce que vous vous rappeliez comment vous vous sentiez... Était-ce une journée où vous éprouviez toutes sortes d'émotions contradictoires?... Aviez-vous reçu des nouvelles décevantes?... Ou, au contraire, tout allait-il bien avant que vous ne mangiez? C'est possible; il n'y a pas de règle. Demandez-vous seulement ce que vous ressentiez vraiment... Maintenant, je voudrais que vous imaginiez qu'au lieu de manger, vous restez dans cet état émotif... Essayez de revivre toute la scène, cette fois sans manger... Prenez le temps de vivre toute anxiété déclenchée par l'idée de ne pas manger et voyez ce que vous ressentez ensuite. Êtes-vous submergée par des sentiments désagréables, ou ne pas manger est-il plus facile que vous ne l'auriez cru?... Prenez tout le temps nécessaire pour vous demander ce que votre désir de nourriture pouvait cacher comme désir d'un autre ordre... Maintenant, revenez doucement à la réalité, ouvrez les yeux et reprenez le livre.

* EXPRIMER SES SENTIMENTS

Cet exercice est conçu pour vous aider à exprimer vos sentiments désagréables d'une façon qui vous convienne et vous satisfasse. Fermez les yeux, détendez-vous et essayez de vous rappeler la dernière fois où vous vous êtes sentie en colère, envieuse, jalouse, triste ou déprimée, sans pouvoir vous débarrasser de ces sentiments. Choisissez-en un, n'importe lequel; la prochaine fois, vous en choisirez un autre. Une fois que vous aurez décidé quel sentiment vous voulez explorer, demandez-vous combien de fois vous avez ressenti cette émotion au cours des dernières semaines et dans quelles circonstances... Choisissez une de ces situations, de préférence celle qui était la plus chargée émotivement, et essayez de reconstituer en détail les circonstances qui vous ont amenée à le ressentir... Qui d'autre était en cause?... En recréant la scène, avez-vous l'impression de vouloir atténuer ce sentiment?... De vous juger sévèrement?... Blâmez-vous quelqu'un d'autre?... Prenez le temps de revivre cette situation dans toute sa réalité et soyez attentive aux voix intérieures qui vous empêchent d'expérimenter directement ce que vous ressentez... Vous interdisez-vous souvent de dire aux gens ce que vous ressentez?... Avez-vous l'impression d'être étouffée par ce que vous ressentez... Imaginez un moment que vous êtes capable de dire ou d'exprimer ce que vous ressentez... Imaginez-vous en train de dire à la personne en cause l'influence qu'elle a sur vous... Si cela vous semble impossible, essayez de dire à un ami ou à une amie comment vous vous sentez devant cette personne... Maintenant, essayez de le dire à cette personne... Ne vous excusez pas, dites-lui simplement et directement ce que vous ressentez... Ne vous laissez pas détourner de ce que vous avez à dire en vous demandant sans cesse ce que cette personne ressent pendant que vous parlez... Demandez-vous plutôt ce que *vous* voulez lui dire... Observez-vous pendant que vous parlez; vos faux départs n'ont aucune importance... Essayez encore de vous exprimer aussi précisément et complètement que possible... Comment vous sentez-vous lorsque vous communiquez vos émotions et vos sentiments?... En quoi cela affecte-t-il votre image de vous-même?... Maintenant, demandez-vous si vous voudriez dire à cette personne dans la réalité ce que vous avez exprimé pendant cet exercice... Peut-être voudriez-vous lui écrire une lettre que vous pourriez ensuite envoyer ou ne pas envoyer... Peut-être préféreriez-vous lui parler en personne... Décidez de ce qui vous donnera la satisfaction la plus complète... Nous voici à la fin de cet exercice: demandez-vous ce que vous en retirez pour pouvoir vous en servir la prochaine fois que vous ressentirez cette émotion... Essayez de trouver un moyen précis qui pourrait vous aider à vous exprimer et, lorsque vous serez prête, ouvrez les yeux.

* EXPLORER SES SENTIMENTS

Pensez à cette émotion qui vous bouleverse particulièrement. Comment appelleriez-vous cette émotion? Est-ce de la colère, de la frustration, du ressentiment, du désespoir, de la culpabilité, de l'envie, de la jalousie, de la haine, de la dépression?... Maintenant, ressentez votre émotion et demandez-vous ce qui l'a déclenchée... Avez-vous été déçue? Est-ce quelque chose qu'on vous a dit? Ce sentiment a-t-il surgi parce que vous vous êtes sentie incapable de faire quelque chose?... Prenez conscience des circonstances qui ont déclenché ce sentiment... Le ressentez-vous souvent?... Quels genres de situations peuvent déclencher ce sentiment chez vous?... Permettez-vous de ressentir ce sentiment aussi entièrement que vous le pouvez... Qu'auriez-vous envie de faire en ce moment... Par quelle réaction spontanée s'exprime ce sentiment — des pleurs, des cris, des tremblements, etc.?... Prenez conscience des pensées qui vous traversent l'esprit et vous empêchent de ressentir pleinement votre émotion... Pendant que vous revivez les circonstances qui ont déclenché ce sentiment, voyez si elles n'ont pas déclenché aussi d'autres émotions... Peut-être moins familières... Concentrez-vous sur ces émotions... Laissez-les vous emplir... Renoncez à toutes vos idées et à tous vos jugements, et vivez pleinement vos émotions... Il est normal qu'elles vous fassent peur, essayez seulement de les laisser remonter à la surface une minute ou deux... Vous vous apercevrez qu'une fois que vous les aurez ressenties, elles vous feront moins peur... Souvenez-vous que, de toute façon, elles font déjà partie de vous et que vous les traînez partout où vous allez. Elles ont le pouvoir de vous faire peur et de vous plonger dans la confusion uniquement parce qu'habituellement elles sont cachées... Vous permettre de les vivre de cette façon vous prouvera que vous *pouvez* les affronter... Maintenant, essayez de vous détendre une ou deux minutes... Repensez aux sentiments que vous avez ressentis pendant cet exercice... Puis concentrez-vous sur votre respiration... Et faites cet aller-retour à quelques reprises.

* FANTASME SUR L'OBÉSITÉ ET LA MINCEUR

Cet exercice est conçu pour vous aider à comprendre comment vous vous exprimez par votre corps et à saisir les significations émotives que vous avez attribuées à divers états émotifs. Si vous refaites souvent cet exercice, il vous permettra de tracer un tableau fort intéressant des significations conscientes et inconscientes de la minceur et de l'obésité pour vous. Comme ces significations varient et que des humeurs différentes peuvent éclairer des aspects différents, plus souvent vous ferez cet exercice, plus vous en profiterez. Maintenant, je voudrais que vous fermiez les yeux, que vous vous installiez aussi confortablement que possible, que vous vous concentriez sur votre respiration et que vous vous détendiez. Imaginez vous à une réception... Il peut s'agir d'une fête réelle ou imaginaire... Il peut s'agir d'une soirée dansante, d'une rencontre d'amis ou d'une petite réception intime... Reconstituez la scène et demandez-vous comment vous vous sentez... Quels vêtements portez-vous?... Comment vous sentez-vous dans ces vêtements?... Essayez de sentir votre corps... Maintenant, attardez-vous sur votre comportement dans cette soirée. Vous contentez-vous d'un rôle d'observatrice?... Vous mêlez-vous aux gens, êtes-vous active ou vous sentez-vous à l'écart?... Pendant que vous vous voyez dans cette soirée, je voudrais que vous vous imaginiez que vous devenez de plus en plus grosse... Voilà, vous êtes maintenant très grosse... Comment vous sentez-vous ainsi?... Prêtez attention aux nuances des sentiments que vous éprouvez à être aussi grosse... Il se peut que cela déclenche chez vous à la fois des sentiments négatifs et des sentiments positifs... Que portez-vous et comment vous sentez-vous dans vos vêtements?... Que se passe-t-il dans cette soirée et quelles sont vos relations avec les autres personnes qui s'y trouvent?... Êtes-vous seule ou êtes-vous en train de parler, de danser ou de manger avec les autres?... Vous sentez-vous bien ou avez-vous envie de partir?... Allez-vous vers les gens ou avez-vous l'impression de devoir attendre qu'ils viennent vers vous?... Maintenant, je voudrais que vous imaginiez que votre obésité parle aux autres personnes présentes... Elle leur dit quelque chose que je voudrais que vous traduisiez en mots... Qu'est-ce que votre obésité dit aux autres?... Est-ce que vous avez l'impression que cela vous sert d'une façon ou d'une autre d'être grosse dans cette situation?... Le fait d'être grosse vous permet-il de parler ou d'agir d'une manière particulière?...

Maintenant, imaginez que votre graisse fond et que, dans cette même soirée, vous êtes maintenant à votre poids idéal... Vous y êtes?... Pouvez-vous vous imaginer à votre poids idéal?... Comment êtes-vous habillée?... Qu'est-ce que vos vêtements disent de vous?... Qu'est-ce que le fait d'être à votre poids idéal change à votre vision des choses?... Voyez-vous la soirée d'un oeil différent?... Qui les gens voient-ils lorsqu'ils vous regardent?... Comment vous sentez-vous?... Êtes-vous sûre de vous ou vous sentez-vous vulnérable?... Comment vous débrouillez-vous avec les autres personnes de la soirée?... Y a-t-il des différences dans votre comportement actuel et celui que vous aviez lorsque vous étiez grosse?... Quelle est la qualité de votre contact avec les autres?... Concentrez-vous sur les sentiments positifs que vous donne le fait d'être à votre poids idéal... Est-ce qu'on vous voit telle que vous êtes?... Est-ce qu'on admire votre corps?... Maintenant, demandez-vous si le fait d'être aussi mince ne déclenche pas en vous des sentiments déconcertants?... Y a-t-il quelque chose d'effrayant ou de déplaisant dans le fait d'être aussi mince?... Maintenant, je voudrais que vous vous imaginiez grosse à nouveau, toujours à la même réception... Les choses ont-elles changé?... En quoi?... Comment vous sentez-vous dans votre corps?... Êtes-vous soulagée d'être grosse à nouveau?... Prenez le temps de ressentir les sentiments qui montent en vous... Remarquez comment vous réagissez avec les autres gens et comment vous vous sentez... Quels messages votre obésité leur transmet-elle?... Cela vous aide-t-il d'une façon ou d'une autre d'être grosse dans cette réception?... Cela vous permet-il d'éviter certains conflits?... Votre obésité cache-t-elle certains sentiments très intimes?... Lorsque vous serez prête, je voudrais que vous imaginiez une fois de plus que, dans cette même soirée, vous êtes à votre poids idéal... Comment vous sentez-vous?... Prenez le temps de ressentir toutes les émotions complexes que cela vous donne... Observez maintenant comment vous vous sentez dans vos vêtements de femme mince et comment vous vous sentez dans votre corps... Vous sentez-vous *vous-même*?... Attardez-vous en particulier aux sentiments difficiles que déclenche en vous le fait d'être à votre poids idéal... Essayez d'identifier les sentiments qui auraient pu vous empêcher de rester mince dans le passé... Maintenant, je voudrais que vous fassiez le bilan de cet exercice et que vous vous demandiez ce que vous avez appris de nouveau sur vous-même... Quand vous serez prête, passez aux questions qui suivent.

1. **Quels aspects positifs insoupçonnables avez-vous trouvés à votre obésité?**
2. **Quels aspects de votre personnalité exprimez-vous par le biais de votre obésité?**
3. **Comment pourriez-vous exprimer ces aspects de vous si vous étiez mince?**
4. **Qu'avez-vous découvert sur vous lorsque vous vous imaginiez à votre poids idéal?**
5. **Quelles peurs suscitaient en vous le fait d'être mince?**
6. **Quels aspects de votre personnalité supprimez-vous généralement parce que vous les associez à la minceur?**
7. **Comment pourriez-vous exprimer ces aspects de votre personnalité dès maintenant?**

* LE JEU DU MIROIR

Asseyez-vous sur une chaise, fermez les yeux, concentrez-vous un moment sur votre respiration, essayez de sentir votre corps de l'intérieur et faites-vous une image mentale de vous assise sur la chaise... Imaginez-vous telle que vous êtes maintenant et asseyez-vous dans une position qui exprime ce que vous ressentez pour votre corps... Maintenant, prenez une attitude confiante... Puis passionnée... Et maintenant, une attitude plus ouverte au monde... Et ensuite une attitude de retrait... Faites tout cela les yeux fermés... Concentrez-vous sur les changements intérieurs et sur les mouvements que vous faites pour les exprimer... Maintenant, je voudrais que vous vous imaginiez à votre poids idéal... Quelle position prenez-vous spontanément pour exprimer cela?... Maintenant, essayez une série de positions comme vous l'avez fait tout à l'heure, mais en vous souvenant que vous êtes aussi mince que vous le voulez... Une attitude ouverte... Renfermée, passionnée, confiante, réticente, etc... Voyez comme votre répertoire d'expressions physiques est riche... Lorsque vous vous serez familiarisée avec ces divers sentiments, demandez-vous ce qu'ils avaient de différents lorsque votre poids variait en imagination... Quels aspects de votre poids idéal aimeriez-vous exprimer en ce moment?... De quoi avez-vous peur ou qu'est-ce que vous ne voudriez pas exprimer en ce moment?... Avez-vous découvert quelque chose de difficile ou de déconcertant dans le fait de vous imaginer à votre poids idéal?... Maintenant, ouvrez les yeux, levez-vous et regardez-vous des pieds à la tête dans le miroir... Regardez les courbes de votre corps et l'image d'ensemble au lieu de vous attarder à des détails... Essayez de ne pas porter de jugement, et contentez-vous de regarder... Placez-vous dans une posture confortable et essayez de projeter le sentiment que vous vous acceptez et que vous vous aimez... Tenez-vous droite et placez-vous de profil pour vous voir sous un autre angle... Regardez-vous, essayez de ne pas vous juger... Maintenant, tournez-vous et regardez votre autre profil... Regardez et essayez de ne pas porter de jugement... Tournez-vous d'un côté, puis de l'autre...

Regardez et essayez de ne pas juger... Revenez face au miroir et, en commençant par vos orteils, faites remonter votre regard tout le long de votre corps jusqu'à la tête, puis redescendez jusqu'à vos pieds... Essayez de vous regarder en acceptant ce que vous voyez... Tournez-vous à droite, tenez-vous comme si vous étiez à votre poids idéal en ce moment et regardez-vous dans le miroir... Maintenant, tournez-vous de l'autre côté... Que voyez-vous?... Qu'est-ce que cela signifierait si vous vous teniez toujours ainsi?... Est-ce que cette posture exprimerait plus clairement votre personnalité profonde?... Auriez-vous l'air trop sûre de vous?... Restez dans cette position une minute ou deux et, lorsque vous serez prête, répondez au questionnaire suivant.

Prenez le temps de répondre à ces questions parce qu'elles peuvent vous aider à approfondir votre compréhension de votre relation avec votre corps.

1. **Arriviez-vous à vous sentir à l'aise en vous regardant? Décrivez ce que vous ressentiez. Chaque fois que vous faites cet exercice, observez les petites modifications dans la façon dont vous vous acceptez.**

2. **Qu'avez-vous observé sur les différentes postures de votre corps lorsque vous exprimiez divers états émotifs? Qu'avez-vous observé lorsque vous avez essayé de projeter une image correspondant à votre poids idéal? Quels aspects de vous ont pris le dessus?**

3. **Essayez d'intégrer les aspects positifs de votre façon de vous tenir lorsque vous vous imaginez à votre poids idéal dans votre posture habi-**

tuelle. Commencez en vous exerçant quelques minutes toutes les heures.

* LES PARTIES DU CORPS

Je voudrais que vous vous couchiez, et que vous vous installiez aussi confortablement que possible. Fermez les yeux et concentrez-vous sur votre respiration... Essayez de sentir physiquement votre corps... Sentez l'air que vous respirez voyager dans tout votre corps, dans vos bras, vos jambes, votre poitrine et votre diaphragme... Maintenant, je voudrais que vous vous concentriez sur la partie de votre corps dont vous êtes généralement le plus insatisfaite — il peut s'agir de vos jambes, de votre ventre, de vos cuisses, de vos seins... Passez en revue vos sentiments sur cette partie de votre corps et essayez de vous souvenir du moment où vous vous êtes rendu compte pour la première fois que vous ne l'aimiez pas... Laissez les souvenirs remonter à la surface, quels qu'ils soient... Maintenant, je voudrais que vous déterminiez avec précision ce que vous détestez à ce point dans cette partie de votre corps... Comment la décririez-vous?...

Qu'est-ce que cela révèle sur vous?... Quelles émotions cette partie de votre corps exprime-t-elle?... Maintenant, j'aimerais que vous vous imaginiez à votre poids idéal... Que devient cette partie de vous?... Pouvez-vous vraiment l'imaginer objectivement ou voyez-vous le corps de quelqu'un d'autre se superposer au vôtre?... Vous voyez-vous telle que vous avez déjà été?... Essayez de sentir votre corps changer... Si vous avez vraiment l'impression que cette partie de vous serait plus acceptable plus petite, imaginez-vous plus petite et voyez comment vous vous sentez... Qu'est-ce que cette partie exprime maintenant sur vous?... Comment vous sentez-vous dans votre corps?... Qu'est-ce que cela signifie pour vous de ne pas vivre avec une imperfection sur laquelle vous vous concentrez?... Vous sentez-vous mieux ou éprouvez-vous l'étrange sentiment qu'il vous manque quelque chose?... Laissez-vous le temps de ressentir tous les sentiments que ce fantasme vous inspire, qu'ils soient positifs, négatifs ou contradictoires... Maintenant, je voudrais que vous reveniez à votre corps tel qu'il est en réalité, y compris pour cette partie qui vous désespère tellement, et que vous la sentiez à nouveau... Voyez-vous d'autres associations liées à cette partie de vous et à ce que vous détestez d'elle?... Qu'est-ce qu'elle révèle sur vous?... Permettez-vous d'explorer cette partie de votre corps plutôt que de la juger... Essayez de la percevoir simplement comme une partie de vous... Intégrez-la au reste de votre corps... Maintenant, imaginez-vous encore à votre poids idéal... Que devient cette partie de vous?... Qu'est-ce que le fait d'être à votre poids idéal vous permet de faire en imagination?.. Voyez-vous le monde différemment?... Maintenant, pensez à une situation difficile que vous avez vécue la semaine dernière... Reconstituez les détails de cette situation et demandez-vous ce qui aurait été différent si vous aviez été à votre poids idéal... Réfléchissez bien... Maintenant, j'aimerais que vous ouvriez les yeux et que vous vous serviez des questions qui suivent cet exercice pour réfléchir sur ce que vous venez de vivre.

1. **Quelle sorte d'associations faites-vous lorsque vous pensez à cette partie de votre corps?**
2. **D'autres personnes de votre famille ont-elles le même genre de problème avec cette partie de leur corps?**
3. **Si oui, que pensez-vous de cette partie de leur corps?**
4. **Maintenant, prenez le temps d'explorer les thèmes qui se sont présentés à vous pendant ce fantasme. Repensez en détail au moment où vous avez pris conscience pour la première fois que vous n'aimiez pas cette partie de votre corps. Quel rôle cette préoccupation joue-t-elle dans votre vie quotidienne, et quels problèmes**

émotifs masque-t-elle? Peut-être lui donnez-vous plus de pouvoir qu'elle n'en a réellement? Vous préoccuper de cette partie de votre corps vous *aide-t-il* d'une manière ou d'une autre?

5. **Pourquoi n'aimez-vous pas cette partie de vous? Est-ce parce qu'elle n'est pas conforme à un stéréotype? Si, dans votre fantasme, vous superposiez à votre corps une partie de celui de quelqu'un d'autre, de qui s'agissait-il et qu'est-ce que cela signifie pour vous? Si vous vous imaginiez plus jeune, qu'est-ce que cette période de votre vie avait de particulier?**

6. **Quelle est la fonction physiologique de cette partie de votre corps? Remplit-elle bien cette fonction? Qu'éprouvez-vous en pensant à cette fonction physiologique?**

* LE REPAS FAMILIAL

Cet exercice est conçu pour vous aider à identifier les réminiscences émotives de votre passé alimentaire et à comprendre en quoi elles affectent vos habitudes alimentaires actuelles. Asseyez-vous confortablement, détendez-vous et fermez les yeux... Imaginez que vous êtes à un repas de famille chez vos parents. Il peut s'agir d'une occasion spéciale, comme Noël ou un anniversaire. Choisissez une occasion où le plus grand nombre possible de membres de la famille sont présents... Peu importe qu'il s'agisse d'une situation réelle ou imaginaire; si cela vous facilite la tâche, reportez-vous à une situation vécue autour de la table familiale... Qui est là?... Comment les gens agissent-ils les uns avec les autres?... Y a-t-il plusieurs sources de frictions entre eux?... Y a-t-il des sujets tabous ou des points sensibles que tout le monde évite d'aborder, ou les tensions s'expriment-elles ouvertement?... Est-il agréable de vous retrouver tous et toutes ensemble?... Reconstituez la scène en détail et essayez de la vivre le plus intensément possible... De qui vous sentez-vous le plus proche?... Comment la relation entre les gens s'exprime-t-elle par rapport à la nourriture?... Observez comment les autres mangent... Maintenant, voyez comment vous vous sentez devant la nourriture... Vous sentez-vous à l'aise dans votre façon de manger?... Imaginez-vous assise à cette table et décrivez votre façon de manger le plus rapidement et simplement possible... Maintenant, il est temps de desservir la table... Qui le fait?... Qui ne le fait pas?... Y a-t-il quelqu'un qui mange les restes?... Observez vos réactions et vos impulsions... Maintenant, je voudrais que vous remontiez dans le temps jusqu'à votre enfance et que vous vous souveniez des habitudes alimentaires de votre famille. Qu'en avez-vous retenu?... Reconstituez le plus précisément possible ce qui se passait... Mangiez-vous ensemble, ou un peu n'importe quand?... Votre mère était-elle la seule à faire la cuisine?... Auriez-vous souhaité qu'elle agisse différemment, étiez-vous insatisfaite de son comportement?... Auriez-vous souhaité qu'elle s'assoit plus souvent?... Mangeait-elle avec appétit et plaisir ou se contentait-elle de grignoter sans conviction?... Vous demandait-on de finir votre assiette?... Si oui, qu'arrivait-il si vous ne le faisiez pas?... Qui servait la nourriture? Est-ce que chacun pouvait se servir à sa convenance, ou vos parents le faisaient-ils pour vous? Qui décidait de l'importance des portions?... Quel climat régnait à table?... Aviez-vous hâte de vous retrouver à table, était-ce l'occasion de vous détendre et de jaser ensemble ou, au contraire, de vous faire réprimander pour des questions de discipline?... Reconstituez le plus de détails possible, tant sur le climat que sur la façon de manger des autres membres de la famille... Maintenant, je voudrais que vous réfléchissiez sur le contexte dans lequel vous mangez habituellement maintenant que vous êtes adulte... Quelle ambiance règne à table?... Comment se passent vos repas?... Qui fait la cuisine?... Qu'en pensez-vous?... Si vous vivez seule, qu'est-ce que cela fait de manger seule?... Que représente l'heure des repas pour vous?... Les vivez-vous comme des occasions de rencontrer d'autres personnes?... Vos repas sont-ils déprimants, imprévisibles, solitaires ou bouleversants?... Pensez aux aspects plaisants de vos repas... Et maintenant, pensez à leurs aspects déplaisants... Y a-t-il une continuité émotive entre votre situation alimentaire actuelle et celle que vous avez vécue enfant ou que vous reviviez comme adulte si vous mangez en famille?... Essayez-vous de recréer les repas de votre enfance?... Que cherchez-vous dans un repas que vous partagez avec d'autres?... Maintenant, repensez aux situations que vous avez imaginées pendant cet exercice et voyez si vous ne découvrez pas quelque chose qui vous aurait échappé de prime abord... Comment vous sentez-vous devant ce que vous avez découvert sur votre façon de manger et comment, à la lueur de ces informations, voudriez-vous manger? Quand vous serez prête, ouvrez les yeux et revenez au livre.

* LE REPAS À LA CHINOISE

Asseyez-vous, installez-vous confortablement et détendez-vous. Maintenant, je voudrais que vous vous imaginiez avec des amis dans un restaurant chinois que vous aimez... Combien de gens y a-t-il à table?... Certaines de ces personnes ont-elles des problèmes avec la nourriture ou êtes-vous la seule mangeuse compulsive?... Pensez-vous à ce repas communautaire avec plaisir, avec appréhension ou les deux à la fois?... Profitez de l'occasion pour observer comment vous vous comportez dans un repas de ce genre et comment les autres se débrouillent dans ces circonstances... Comment commandez-vous le repas?... Est-ce que chaque personne choisit un plat pour elle-même ou pour partager, ou est-ce que tout le menu est établi d'un commun accord?... Vous sentez-vous à l'aise avec cette façon de procéder?... Participez-vous activement au choix des aliments?... Participez-vous à la conversation?... Une fois le repas commandé, comment vous sentez-vous en attendant la nourriture... Est-ce que les plats choisis vous conviennent de façon générale?... Avez-vous peur de trop manger?... Avez-vous peur de ne pas avoir suffisamment de nourriture?... Les aliments sont maintenant sur la table... Sont-il arrivés tous à la fois ou peu à peu?... Les premiers plats offerts sont-ils vos préférés?... Comment vous sentez-vous à ce moment du repas?... Prenez votre temps... Respirez profondément et pensez à ce repas, en vous attardant sur ce qui vous semble le plus difficile... Pensez à ce que vous pourriez faire dans des moments comme celui-ci pour rester consciente de la façon dont vous mangez; par exemple, si vous êtes portée à mettre plus de nourriture que vous le voudriez dans votre assiette pour être certaine d'en avoir assez, et qu'ensuite vous la videz même si vous n'avez plus faim, essayez de réagir différemment — soit en vous demandant régulièrement pendant que vous mangez si vous avez encore faim, soit en remplissant moins votre assiette et en observant ce qui se passe... Vous sentez-vous privée ou limitée?... Comme il s'agit ici d'une scène imaginaire, ayez la certitude que vous aurez autant de nourriture que vous le désirez. Vous n'en manquerez pas. En gardant cela à l'esprit, comment vous sentez-vous si vous vous servez de petites portions, en sachant que vous pourrez recommencer autant de fois que vous le voudrez?... Peut-être préférez-vous manger un seul mets à la fois?... Dans ce fantasme, vous pouvez dire à vos amis que c'est ce que vous allez faire et tout le monde vous laissera manger autant que vous le voudrez... Comment vous sentez-vous maintenant?... Pouvez-vous vous détendre et prendre le temps de savourer chaque bouchée?... Pouvez-vous faire la différence entre ce que vous aimez et ce que vous n'aimez pas?... Essayez de rester consciente de votre façon de manger pendant que vous conversez avec les autres...

Maintenant, détendez-vous, et poursuivez votre repas. Mais cette fois, je voudrais que vous agissiez comme vous le faites d'habitude... À présent, je voudrais que vous réfléchissiez à cette question: que se passe-t-il habituellement?... Comment vous comportez-vous avec les autres et que pensez-vous de votre façon de manger?... Identifiez-vous des moments de tension ou de compulsion alimentaire?... Concentrez-vous sur les difficultés auxquelles vous faites face... Essayez de revivre ces moments difficiles, mais cette fois en vous concentrant sur votre façon de manger... Comment pourriez-vous réagir différemment?... Maintenant, vous n'avez plus faim... Était-ce un repas satisfaisant ou décevant?... Soyez attentive aux signes physiologiques qui vous indiquent que vous n'avez plus faim... Êtes-vous portée à continuer à manger ce qui reste, ou êtes-vous heureuse de vous arrêter?... Si vous avez du mal à vous arrêter, essayez de traduire en mots ce que vous voulez encore... Essayez de découvrir ce qui satisferait exactement cette «faim»... À quoi devrez-vous faire face si vous cessez de manger lorsque vous n'avez plus faim?... Maintenant, demandez-vous encore ce qu'un repas communautaire comme celui-ci signifie pour vous et ce que vous ressentez pendant que vous y êtes... En gros, était-ce agréable ou déplaisant?... Qu'aurait-il dû arriver autour de la table et par rapport à la nourriture pour que tout soit parfait pour vous?... Déterminez ce qui aurait pu transformer ce repas en expérience plaisante et, la prochaine fois, demandez-vous ce que vous pourriez faire pour l'obtenir... Souvenez-vous de ce que vous faites pour cesser de manger lorsque vous auriez envie de continuer mais que vous n'avez plus faim... Quand vous serez prête, ouvrez les yeux et réfléchissez sur cet exercice.

* LE FANTASME DU SUPERMARCHÉ

Fermez les yeux... Je voudrais que vous vous imaginiez dans votre cuisine... Faites le tour de la pièce et regardez quels aliments vous trouvez... dans le réfrigérateur, dans les armoires... dans la jarre à biscuits et la boîte à pain... dans le congélateur... Vous n'aurez probablement pas de mal à faire cet inventaire parce que vous savez sans doute exactement où chaque aliment se trouve... ou ne se trouve pas, y compris les friandises et les biscuits diététiques... Faites le tour de la pièce en constatant combien les aliments que vous vous autorisez à manger sont rares et peu attrayants... Qu'est-ce que votre cuisine révèle sur vous?... Maintenant, rendez-vous à votre supermarché ou à votre centre commercial préféré, ou encore dans un endroit où vous pouvez trouver toutes les boutiques possibles — marché de légumes, boucher, charcuterie, laiterie, pâtisserie, etc. Je voudrais que vous imaginiez que vous disposez d'un budget illimité... Prenez un gros chariot et remplissez-le de tous vos aliments préférés. Parcourez les allées, promenez-vous de comptoir en comptoir et choisissez avec soin les aliments les plus appétissants... Assurez-vous de ne rien oublier. Si vous aimez le gâteau au fromage, prenez-en plusieurs pour être sûre qu'il sera humainement impossible de tout manger d'un seul coup... Choisissez les aliments que vous préférez... Ne vous dépêchez pas... Vous avez tout votre temps pour trouver exactement ce que vous cherchez... Contemplez toutes les merveilles que contiennent ces allées et remplissez votre chariot, quitte à en prendre un deuxième si vous n'avez plus de place dans le premier... Assurez-vous qu'il ne vous manque rien; prenez ensuite votre voiture ou un taxi et retournez chez vous avec toutes vos boîtes et vos sacs de nourriture... Vous êtes seule à la maison et personne ne viendra avant la fin de la journée; la maison, et en particulier la cuisine, est à votre entière disposition... Apportez vos sacs dans la cuisine et rangez vos aliments... Comment vous sentez-vous entourée de toute cette nourriture qui n'est destinée qu'à vous?... Avez-vous l'impression de faire quelque chose de mal ou est-ce très plaisant?... Cette abondance de nourriture vous rassure-t-elle ou, au contraire, vous inquiète-t-elle?... Restez dans la cuisine et attardez-vous sur les divers sentiments que vous éprouvez... Souvenez-vous que personne ne viendra vous déranger, que cette nourriture n'appartient qu'à vous et que vous pourrez en faire ce que vous voudrez... Pouvez-vous vous détendre en sachant que vous ne serez plus jamais privée de rien?... Et maintenant, je voudrais que vous sortiez de la maison pour aller poster une lettre au coin de la rue... Que ressentez-vous en quittant la maison et toute cette nourriture?... Cela vous fait-il plaisir de savoir que, lorsque vous rentrerez, tout sera en place, comme vous l'avez laissé? Ou est-ce un soulagement de vous éloigner?... Vous avez posté votre lettre et vous rentrez... Souvenez-vous en ouvrant la porte que toute cette nourriture est à vous et que vous ne serez pas dérangée... Comment vous sentez-vous en revenant à cette nourriture?... Si vous trouviez cela rassurant plus tôt, l'est-ce encore? Si vous étiez inquiète, trouvez-vous réconfortant de revenir dans votre cuisine pleine de nourriture?... Revenez lentement là où vous êtes dans la réalité en sachant que votre cuisine est pleine d'aliments délicieux que personne ne vous enlèvera... et, lorsque vous serez prête, ouvrez les yeux.

TABLEAU ALIMENTAIRE

Période de la journée	Événements associés à mon alimentation: Avais-je réellement faim? Si oui, me suis-je permis de manger tout ce que je voulais?	Quelles étaient mes émotions juste avant que je ne mange? Est-ce que j'éprouvais une «faim émotive»? Si oui, de quoi?

Ce que j'ai mangé et comment je l'ai mangé	Ces aliments m'ont-ils satisfaite?	Quels sont les sentiments que j'éprouve après avoir mangé?

Table des matières

Ouvrages parus chez les éditeurs du groupe Sogides

* Pour l'Amérique du Nord seulement
** Pour l'Europe seulement
Sans * pour l'Europe et l'Amérique du Nord

ANIMAUX

* **Art du dressage, L'**, Chartier Gilles
Bien nourrir son chat, D'Orangeville Christianz
Cheval, Le, Leblanc Michel
Chien dans votre vie, Le, Swan Marguerite
Éducation du chien de 0 à 6 mois, L', DeBuyser Dr Colette et Dr Dehasse Joël
Encyclopédie des oiseaux, Godfroy W. Earl
Guide de l'oiseau de compagnie, Le, Dr R. Dean Axelson
Mammifère de mon pays,, Duchesnay St-Denis J. et Dumais Rolland
* **Mon chat, le soigner, le guérir**, D'Orangeville Christian
Observations sur les mammifères, Provencher Paul
Papillons du Québec, Les,Veilleux Christian et PrévostBernard
Petite ferme, T.1,
Les animaux, Trait Jean-Claude
Vous et vos petits rongeurs, Eylat Martin
Vous et vos poissons d'aquarium, Ganiel Sonia
Vous et votre berger allemand, Eylat Martin
Vous et votre boxer, Herriot Sylvain
Vous et votre caniche, Shira Sav
Vous et votre chat de gouttière, Gadi Sol
Vous et votre chow-chow, Pierre Boistel
Vous et votre collie, Ethier Léon
Vous et votre doberman, Denis Paula
Vous et votre fox-terrier, Eylat Martin
Vous et votre husky, Eylat Marti
Vous et vos oiseaux de compagnie, Huard-Viau Jacqueline
Vous et votre schnauzer, Eylat Martin
Vous et votre setter anglais, Eylat Martin
Vous et votre siamois, Eylat Odette
Vous et votre teckel, Boistel Pierre
Vous et votre yorkshire, Larochelle Sandra

ARTISANAT/ARTS MÉNAGERS

Appareils électro-ménagers, Prentice-Hall du Canada
* **Art du pliage du papier**, Harbin Robert
Artisanat québécois, T.1, Simard Cyril
Artisanat québécois, T.2, Simard Cyril
Artisanat québécois, T.3, Simard Cyril
Artisanat québécois, T.4, Simard Cyril, Bouchard Jean-Louis

Bon Fignolage, Le, Arvisais Dolorès A.
Coffret artisanat, Simard Cyril
* **Construire des cabanes d'oiseaux,** Dion André
Construire sa maison en bois rustique, Mann D. et Skinulis R.
Crochet Jacquard, Le, Thérien Brigitte
Cuir, Le, Saint-Hilaire Louis et Vogt Walter
Dentelle, T.1, La, De Seve Andrée-Anne
Dentelle, T.2, La, De Seve Andrée-Anne
Dessiner et aménager son terrain, Prentice-Hall du Canada
Encyclopédie de la maison québécoise, Lessard Michel
Encyclopédie des antiquités, Lessard Michel
Entretien et réparation de la maison, Prentice-Hall du Canada
Guide du chauffage au bois, Flager Gordon
J'apprends à dessiner, Nassh Joanna
Je décore avec des fleurs, Bassili Mimi
J'isole mieux, Eakes Jon
Mécanique de mon auto, La, Time-Life
Outils manuels, Les, Prentice Hall du Canada
Petits appareils électriques, Prentice-Hall du Canada
Piscines, Barbecues et patio
Taxidermie, La, Labrie Jean
Terre cuite, Fortier Robert
Tissage, Le, Grisé-Allard Jeanne et Galarneau Germaine
Tout sur le macramé, Harvey Virginia L.
Trucs ménagers, Godin Lucille
Vitrail, Le, Bettinger Claude

ART CULINAIRE

À table avec soeur Angèle, Soeur Angèle
Art d'apprêter les restes, L', Lapointe Suzanne
Art de la cuisine chinoise, L', Chan Stella
Art de la table, L', Du Coffre Marguerite
Barbecue, Le, Dard Patrice
Bien manger à bon compte, Gauvin Jocelyne
Boîte à lunch, La, Lambert Lagacé Louise
Brunches & petits déjeuners en fête, Bergeron Yolande
100 recettes de pain faciles à réaliser, Saint-Pierre Angéline
Cheddar, Le, Clubb Angela
Cocktails & punchs au vin, Poister John
Cocktails de Jacques Normand, Normand Jacques
Coffret la cuisine
Confitures, Les, Godard Misette
Congélation de A à Z, La, Hood Joan
Congélation des aliments, Lapointe Suzanne
Conserves, Les, Sansregret Berthe
Cornichons, Ketchups et Marinades, Chesman Andrea
Cuisine au wok, Solomon Charmaine
Cuisine aux micro-ondes 1 et 2 portions, Marchand Marie-Paul
Cuisine chinoise, La, Gervais Lizette
* **Cuisine chinoise traditionnelle, La,** Chen Jean
* **Cuisine créative Campbell, La,** Cie Campbell
Cuisine de Pol Martin, Martin Pol
* **Cuisine du monde entier avec Weight Watchers,** Weight Watchers
Cuisine facile aux micro-ondes, Saint-Amour Pauline
Cuisine joyeuse de soeur Angèle, La, Soeur Angèle
Cuisine micro-ondes, La, Benoît Jehane
Cuisine santé pour les aînés, Hunter Denyse
Cuisiner avec le four à convection, Benoît Jehane
Cuisinez selon le régime Scarsdale, Corlin Judith
Cuisinier chasseur, Le, Hugueney Gérard
Entrées chaudes et froides, Dard Patrice
Faire son pain soi-même, Murray Gill Janice
Faire son vin soi-même, Beaucage André
Fine cuisine aux micro-ondes, La, Dard Patrice
Fondues & flambées de maman Lapointe, Lapointe Suzanne
Fondues, Les, Dard Partice
Menus pour recevoir, Letellier Julien
Muffins, Les, Clubb Angela
Nouvelle cuisine micro-ondes, La, Marchand Marie-Paul et Grenier Nicole
Nouvelle cuisine micro-ondes II, La, Marchand Marie-Paul et Grenier Nicole
Pâtés à toutes les sauces, Les, Lapointe Lucette
Patés et galantines, Dard Patrice
Pâtisserie, La, Bellot Maurice-Marie
Poissons et fruits de mer, Dard Patrice
Poissons et fruits de mer, Sansregret Berthe
Recettes au blender, Huot Juliette
Recettes canadiennes de Laura Secord, Canadian Home Economics Association
Recettes de gibier, Lapointe Suzanne
Recettes de maman Lapointe, Les, Lapointe Suzanne
Recettes Molson, Beaulieu Marcel
Robot culinaire, le, Martin Pol
Salades des 4 saisons et leurs vinaigrettes, Dard Patrice
Salades, sandwichs, hors d'oeuvre, Martin Pol
Soupes, potages et veloutés, Dard Patrice

BIOGRAPHIES POPULAIRES

Daniel Johnson, T.1, Godin Pierre
Daniel Johnson, T.2, Godin Pierre
Daniel Johnson - Coffret, Godin Pierre
Dans la fosse aux lions, Chrétien Jean
* **Dans la tempête,** Lachance Micheline
Duplessis, T.1 - L'ascension, Black Conrad
Duplessis, T.2 - Le pouvoir, Black Conrad
Duplessis - Coffret, Black Conrad
Dynastie des Bronfman, La, Newman Peter C.
Establishment canadien, L', Newman Peter C.
* **Maître de l'orchestre, Le,** Nicholson Georges
Maurice Richard, Pellerin Jean
Mulroney, Macdonald L.I.
Nouveaux Riches, Les, Newman Peter C.
Prince de l'Église, Le, Lachance Micheline
Saga des Molson, La, Woods Shirley
* **Une femme au sommet - Son excellence Jeanne Sauvé,** Woods Shirley E.

DIÉTÉTIQUE

Combler ses besoins en calcium, Hunter Denyse
Contrôlez votre poids, Ostiguy Dr Jean-Paul
* **Cuisine sage,** Lambert-Lagacé Louise
* **Diète rotation, La,** Katahn Dr Martin
Diététique dans la vie quotidienne, Lambert-Lagacé Louise
Livre des vitamines, Le, Mervyn Leonard
* **Maigrir en santé,** Hunter Denyse
* **Menu de santé,** Lambert-Lagacé Louise
Oubliez vos allergies, et... bon appétit, Association de l'information sur les allergies
Petite & grande cuisine végétarienne, Bédard Manon
* **Plan d'attaque Weight Watchers, Le,** Nidetch Jean
Plan d'attaque plus Weight Watchers, Le, Nidetch Jean
Recettes pour aider à maigrir, Ostiguy Dr Jean-Paul
* **Régimes pour maigrir,** Beaudoin Marie-Josée
Sage bouffe de 2 à 6 ans, La, Lambert-Lagacé Louise
Weight Watchers - cuisine rapide et savoureuse, Weight Watchers
Weight Watchers-Agenda 85 -Français, Weight Watchers
Weight Watchers-Agenda 85 -Anglais, Weight Watchers

DIVERS

* **Acheter ou vendre sa maison,** Brisebois Lucille
* **Acheter et vendre sa maison ou son condominium,** Brisebois Lucille
* **Acheter une franchise,** Levasseur Pierre
* **Bourse, La,** Brown Mark
* **Chaînes stéréophoniques, Les,** Poirier Gilles
* **Choix de carrières, T.1,** Milot Guy
* **Choix de carrières, T.2,** Milot Guy
* **Choix de carrières, T.3,** Milot Guy
* **Comment rédiger son curriculum vitae,** Brazeau Julie
* **Comprendre le marketing,** Levasseur Pierre
Conseils aux inventeurs, Robic Raymond
* **Devenir exportateur,** Levasseur Pierre
* **Dictionnaire économique et financier,** Lafond Eugène
* **Faire son testament soi-même,** Me Poirier Gérald, Lescault Nadeau Martine (notaire)
* **Faites fructifier votre argent,** Zimmer Henri B.
Finances, Les, Hutzler Laurie H.
* **Gérer ses ressources humaines,** Levasseur Pierre
* **Gestionnaire, Le,** Colwell Marian
* **Guide de la haute-fidélité, Le,** Prin Michel
* **Je cherche un emploi,** Brazeau Julie
* **Lancer son entreprise,** Levasseur Pierre
Leadership, Le, Cribbin, James J.
Livre de l'étiquette, Le, Du Coffre Marguerite
* **Loi et vos droits, La,** Marchand Me Paul-Émile
Meeting, Le, Holland Gary
Mémo, Le, Reimold Cheryl
Notre mariage (étiquette et planification), Du Coffre, Marguerite
Patron, Le, Reimold Cheryl
Relations publiques, Les, Doin Richard, Lamarre Daniel
* **Règles d'or de la vente, Les,** Kahn George N.
* **Roulez sans vous faire rouler, T.3,** Edmonston Philippe
Savoir vivre aujourd'hui, Fortin Jacques Marcelle
Séjour dans les auberges du Québec, Cazelais Normand et Coulon Jacques
Stratégies de placements, Nadeau Nicole
Temps des fêtes au Québec, Le, Montpetit Raymond
Tenir maison, Gaudet-Smet Françoise
* **Tout ce que vous devez savoir sur le condominium,** Dubois Robert
Univers de l'astronomie, L', Tocquet Robert
Vente, La, Hopkins Tom
* **Votre argent,** Dubois Robert
Votre système vidéo, Boisvert Michel et Lafrance André A.
* **Week-end à New York,** Tavernier-Cartier Lise

ENFANCE

* **Aider son enfant en maternelle,** Pedneault-Pontbriand Louise
* **Aider votre enfant à lire et à écrire,** Doyon-Richard Louise
Alimentation futures mamans, Gougeon Réjeanne et Sekely Trude
Années clés de mon enfant, Les, Caplan Frank et Theresa
Art de l'allaitement maternel, L', Ligue internationale La Leche
* **Autorité des parents dans la famille,** Rosemond John K.
Avoir des enfants après 35 ans, Robert Isabelle
Bientôt maman, Whalley J., Simkin P. et Keppler A.
Comment amuser nos enfants, Stanké Louis
* **Comment nourrir son enfant,** Lambert-Lagacé Louise
Deuxième année de mon enfant, La, Caplan Frank et Theresa
* **Développement psychomoteur du bébé,** Calvet Didier
Douze premiers mois de mon enfant, Les, Caplan Frank
* **En attendant notre enfant,** Pratte-Marchessault Yvette
* **Encyclopédie de la santé de l'enfant** Feinbloom Richard
Enfant stressé, L', Elkind David
Enfant unique, L', Peck Ellen
Évoluer avec ses enfants, Gagné Pierre Paul
Femme enceinte, La, Bradley Robert A.
Fille ou garçon, Langendoen Sally et Proctor William
* **Frères-soeurs,** Mcdermott Dr. John F. Jr.
Futur Père, Pratte-Marchessault Yvette
Jouons avec les lettres, Doyon-Richard Louise
Langage de votre enfant, Le, Langevin Claude
Maman et son nouveau-né, La, Sekely Trude
Manuel Johnson et Johnson des premiers soins, Le, Dr Rosenberg Stephen N.
Massage des bébés, Le, Auckette Amédia D.
Merveilleuse histoire de la naissance, La, Gendron Dr Lionel
Mon enfant naîtra-t-il en bonne santé? Scher Jonathan et Dix Carol
Pour bébé, le sein ou le biberon? Pratte-Marchessault Yvette
Pour vous future maman, Sekely Trude
Préparez votre enfant à l'école, Doyon-Richard Louise
Psychologie de l'enfant, Cholette-Pérusse Françoise
Respirations et positions d'accouchement, Dussault Joanne
Soins de la première année de bébé, Kelly Paula
Tout se joue avant la maternelle, Ibuka Masaru
Un enfant naît dans la chambre de naissance, Fortin Nolin Louise
Viens jouer, Villeneuve Michel José
Vivez sereinement votre maternité, Vellay Dr Pierre
Vivre une grossesse sans risque, Fried Dr Peter A.

ÉSOTÉRISME

Coffret - Passé - Présent - Avenir
Graphologie, La, Santoy Claude
Hypnotisme, L', Manolesco Jean
Lire dans les lignes de la main, Morin Michel
Prévisions astrologiques 1985, Hirsig Huguette
Vos rêves sont des miroirs, Cayla Henri
* **Votre avenir par les cartes,** Stanké Louis

HISTOIRE

Arrivants, Les, Collectif
* **Civilisation chinoise, La,** Guay Michel

INFORMATIQUE

* **Découvrir son ordinateur personnel,** Faguy François
Guide d'achat des micro-ordinateurs, Le, Blanc Pierre
Informatique, L', Cone E. Paul

PHOTOGRAPHIE (ÉQUIPEMENT ET TECHNIQUE)

* **Apprenez la photographie avec Antoine Desilets,** Desilets Antoine
Chasse photographique, Coiteux Louis
8/Super 8/16, Lafrance André
Initiation à la Photographie, London Barbara
Initiation à la Photographie-Canon, London Barbara
Initiation à la Photographie-Minolta, London Barbara
Initiation à la Photographie-Nikon, London Barbara
Initiation à la Photographie-Olympus, London Barbara
Initiation à la Photographie-Pentax, London Barbara
* **Je développe mes photos,** Desilets Antoine
* **Je prends des photos,** Desilets Antoine
* **Photo à la portée de tous,** Desilets Antoine
Photo guide, Desilets Antoine

PSYCHOLOGIE

Âge démasqué, L', De Ravinel Hubert
* **Aider mon patron à m'aider,** Houde Eugène
* **Amour de l'exigence à la préférence,** Auger Lucien
Au-delà de l'intelligence humaine, Pouliot Élise
Auto-développement, L', Garneau Jean
Bonheur au travail, Le, Houde Eugène
Bonheur possible, Le, Blondin Robert
Chimie de l'amour, La, Liebowitz Michael
Coeur à l'ouvrage, Le, Lefebvre Gérald
Coffret psychologie moderne Colère, La, Tavris Carol
* **Comment animer un groupe,** Office Catéchèsse
* **Comment avoir des enfants heureux,** Azerrad Jacob
* **Comment déborder d'énergie,** Simard Jean-Paul
Comment vaincre la gêne, Catta Rene-Salvator
* **Communication dans le couple, La,** Granger Luc
* **Communication et épanouissement personnel,** Auger Lucien
Comprendre la névrose et aider les névrosés, Ellis Albert
* **Contact,** Zunin Nathalie
* **Courage de vivre, Le,** Kiev Docteur A.
Courage et discipline au travail, Houde Eugène
Dynamique des groupes, Aubry J.-M. et Saint-Arnaud Y.
Élever des enfants sans perdre la boule, Auger Lucien
* **Émotivité et efficacité au travail,** Houde Eugène
Enfant paraît... et le couple demeure, L', Dorman Marsha et Klein Diane
Enfants de l'autre, Les, Paris Erna
* **Être soi-même,** Corkille Briggs D.
* **Facteur chance, Le,** Gunther Max
* **Fantasmes créateurs, Les,** Singer Jérôme
Infidélité, L', Leigh Wendy
Intuition, L', Goldberg Philip
* **J'aime,** Saint-Arnaud Yves
Journal intime intensif, Progoff Ira
Miracle de l'amour, Un, Kaufman Barry Neil
* **Mise en forme psychologique,** Corrière Richard
* **Parle-moi... J'ai des choses à te dire,** Salome Jacques
Penser heureux, Auger Lucien
* **Personne humaine, La,** Saint-Arnaud Yves
* **Plaisirs du stress, Les,** Hanson Dr Peter G.
* **Première impression, La,** Kleinke Chris, L.
Prévenir et surmonter la déprime, Auger Lucien
* **Prévoir les belles années de la retraite,** D. Gordon Michael
* **Psychologie dans la vie quotidienne,** Blank Dr Léonard
* **Psychologie de l'amour romantique,** Braden Docteur N.
* **Qui es-tu grand-mère? Et toi grand-père?** Eylat Odette
* **S'affirmer et communiquer,** Beaudry Madeleine
* **S'aider soi-même,** Auger Lucien
* **S'aider soi-même d'avantage,** Auger Lucien
* **S'aimer pour la vie,** Wanderer Dr Zev
* **Savoir organiser, savoir décider,** Lefebvre Gérald
* **Savoir relaxer et combattre le stress,** Jacobson Dr Edmund
* **Se changer,** Mahoney Michael
* **Se comprendre soi-même par des tests,** Collectif
* **Se concentrer pour être heureux,** Simard Jean-Paul
Se connaître soi-même, Artaud Gérard
* **Se contrôler par le biofeedback,** Ligonde Paultre
* **Se créer par la Gestalt,** Zinker Joseph
* **S'entraider,** Limoges Jacques
* **Se guérir de la sottise,** Auger Lucien
Séparation du couple, La, Weiss Robert S.
Sexualité au bureau, La, Horn Patrice
Syndrome prémenstruel, Le, Shreeve Dr Caroline
* **Vaincre ses peurs,** Auger Lucien
Vivre à deux: plaisir ou cauchemar, Duval Jean-Marie
* **Vivre avec sa tête ou avec son coeur,** Auger Lucien
Vivre c'est vendre, Chaput Jean-Marc
* **Vivre jeune,** Waldo Myra
* **Vouloir c'est pouvoir,** Hull Raymond

JARDINAGE

Culture des fleurs, des fruits, Prentice-Hall du Canada
Encyclopédie du jardinier, Perron W.H.
Guide complet du jardinage, Wilson Charles
J'aime les violettes africaines, Davidson Robert
Petite ferme, T. 2 - Jardin potager, Trait Jean-Claude
Plantes d'intérieur, Les, Pouliot Paul
Techniques du jardinage, Les, Pouliot Paul
* **Terrariums, Les,** Kayatta Ken

JEUX/DIVERTISSEMENTS

Améliorons notre bridge, Durand Charles
* **Bridge, Le,** Beaulieu Viviane
Clés du scrabble, Les, Sigal Pierre A.
Collectionner les timbres, Taschereau Yves
* **Dictionnaire des mots croisés, noms communs,** Lasnier Paul
* **Dictionnaire des mots croisés, noms propres,** Piquette Robert
* **Dictionnaire raisonné des mots croisés,** Charron Jacqueline
Finales aux échecs, Les, Santoy Claude
Jeux de société, Stanké Louis
* **Jouons ensemble,** Provost Pierre
Livre des patiences, Le, Bezanovska M. et Kitchevats P.
* **Ouverture aux échecs,** Coudari Camille
Scrabble, Le, Gallez Daniel
Techniques du billard, Morin Pierre

LINGUISTIQUE

* **Anglais par la méthode choc, L',** Morgan Jean-Louis
* **J'apprends l'anglais,** Silicani Gino
Petit dictionnaire du joual, Turenne Auguste
Secrétaire bilingue, La, Lebel Wilfrid

LIVRES PRATIQUES

Bonnes idées de maman Lapointe, Les, Lapointe Lucette
Chasse-taches, Le, Cassimatis Jack
* **Maîtriser son doigté sur un clavier,** Lemire Jean-Paul
* **Se protéger contre le vol,** Kabundi Marcel et Normandeau André
Temps c'est de l'argent, Le, Davenport Rita

MUSIQUE ET CINÉMA

* **Guitare, La,** Collins Peter
Piano sans professeur, Le, Evans Roger
Wolfgang Amadeus Mozart raconté en 50 chefs-d'oeuvre, Roussel Paul

NOTRE TRADITION

Coffret notre tradition Écoles de rang au Québec, Les, Dorion Jacques
Encyclopédie du Québec, T.1, Landry Louis
Encyclopédie du Québec, T.2, Landry Louis
Histoire de la chanson québécoise, L'Herbier Benoît
Maison traditionnelle, La, Lessard Micheline
Moulins à eau de la vallée du Saint-Laurent, Adam Villeneuve
Objets familiers de nos ancêtres, Genet Nicole
* **Sculpture ancienne au Québec, La,** Porter John R. et Bélisle Jean
Vive la compagnie, Daigneault Pierre

ROMANS/ESSAIS

Adieu Québec, Bruneau André
Baie d'Hudson, La, Newman Peter C.
Bien-pensants, Les, Berton Pierre
Bousille et les justes, Gélinas Gratien
Coffret Joey
C.P., Susan Goldenberg
Commettants de Caridad, Les, Thériault Yves
Deux Innocents en Chine Rouge, Hébert Jacques
Dome, Jim Lyon
* **Frères divorcés, Les,** Godin Pierre
IBM, Sobel Robert
Insolences du Frère Untel, Les, Untel Frère
ITT, Sobel Robert
J'parle tout seul, Coderre Emile
Lamia, Thyraud de Vosjoli P.L.
Mensonge amoureux, Le, Blondin Robert
Nadia, Aubin Benoît
Oui, Lévesque René
Premiers sur la lune, Armstrong Neil
* **Sur les ailes du temps (Air Canada),** Smith Philip
Telle est ma position, Mulroney Brian
Terrosisme québécois, Le, Morf Gustave
* **Trois semaines dans le hall du Sénat,** Hébert Jacques
Un doux équilibre, King Annabelle
* **Un second souffle,** Hébert Diane
Vrai visage de Duplessis, Le, Laporte Pierre

SANTÉ ET ESTHÉTIQUE

Allergies, Les, Delorme Dr Pierre
Art de se maquiller, L', Moizé Alain
* **Bien vivre sa ménopause,** Gendron Dr Lionel
Cellulite, La, Ostiguy Dr Jean-Paul
Cellulite, La, Léonard Dr Gérard J.
Être belle pour la vie, Meredith Bronwen
Exercices pour les aînés, Godfrey Dr Charles, Feldman Michael
Face lifting par l'exercice, Le, Runge Senta Maria
Grandir en 100 exercises, Berthelet Pierre
Hystérectomie, L', Alix Suzanne
Médecine esthétique, La, Lanctot Guylaine
Obésité et cellulite, enfin la solution, Léonard Dr Gérard J.
Perdre son ventre en 30 jours H-F, Burstein Nancy et Matthews Roy
Santé, un capital à préserver, Peeters E.G.
Travailler devant un écran, Feeley Dr Helen
Coffret 30 jours
30 jours pour avoir de beaux cheveux, Davis Julie
30 jours pour avoir de beaux ongles, Bozic Patricia
30 jours pour avoir de beaux seins, Larkin Régina
30 jours pour avoir un beau teint, Zizmor Dr Jonathan
30 jours pour cesser de fumer, Holland Gary et Weiss Herman
30 jours pour mieux organiser, Holland Gary
30 jours pour perdre son ventre (homme), Matthews Roy, Burnstein Nancy
30 jours pour redevenir un couple amoureux, Nida Patricia K. et Cooney Kevin
30 jours pour un plus grand épanouissement sexuel, Schneider Alan et Laiken Deidre
* **Vos yeux,** Chartrand Marie et Lepage-Durand Micheline

SEXOLOGIE

Adolescente veut savoir, L', Gendron Lionel
Fais voir, Fleischhaner H.
Guide illustré du plaisir sexuel, Corey Dr Robert E.
Helg, Bender Erich F.
* **Ma sexualité de 0 à 6 ans,** Robert Jocelyne
* **Ma sexualité de 6 à 9 ans,** Robert Jocelyne
* **Ma sexualité de 9 à 12 ans,** Robert Jocelyne
Plaisir partagé, Le, Gary-Bishop Hélène
* **Première expérience sexuelle, La,** Gendron Lionel
* **Sexe au féminin, Le,** Kerr Carmen
* **Sexualité du jeune adolescent,** Gendron Lionel
* **Sexualité dynamique, La,** Lefort Dr Paul
* **Shiatsu et sensualité,** Rioux Yuki

SPORTS

100 trucs de billard, Morin Pierre
Le programme pour être en forme
Apprenez à patiner, Marcotte Gaston
Arc et la chasse, L', Guardon Greg
* Armes de chasse, Les, Petit Martinon Charles
* Badminton, Le, Corbeil Jean
* Canadiens de 1910 à nos jours, Les, Turowetz Allan et Goyens Chrystian
* Carte et boussole, Kjellstrom Bjorn
* Chasse au petit gibier, La, Paquet Yvon-Louis
Chasse et gibier du Québec, Bergeron Raymond
Chasseurs sachez chasser, Lapierre Lucie
* Comment se sortir du trou au golf, Brien Luc
* Comment vivre dans la nature, Rivière Bill
* Corrigez vos défauts au golf, Bergeron Yves
Curling, Le, Lukowich E.
Devenir gardien de but au hockey, Allair François
Encyclopédie de la chasse au Québec, Leiffet Bernard
Entraînement, poids-haltères, L', Ryan Frank
Exercices à deux, Gregor Carol
Golf au féminin, Le, Bergeron Yves
Grand livre des sports, Le, Le groupe Diagram
Guide complet du judo, Arpin Louis
* Guide complet du self-defense, Arpin Louis
Guide d'achat de l'équipement de tennis, Chevalier Richard et Gilbert Yvon
Guide de l'alpinisme, Le, Cappon Massimo
Guide de survie de l'armée américaine
Guide des jeux scouts, Association des scouts
Guide du judo au sol, Arpin Louis
Guide du self-defense, Arpin Louis
Guide du trappeur, Le, Provencher Paul
Hatha yoga, Piuze Suzanne
* J'apprends à nager, Lacoursière Réjean
* Jogging, Le, Chevalier Richard
Jouez gagnant au golf, Brien Luc
Larry Robinson, le jeu défensif, Robinson Larry
Lutte olympique, La, Sauvé Marcel
* Manuel de pilotage, Transport Canada
* Marathon pour tous, Anctil Pierre
Maxi-performance, Garfield Charles A. et Bennett Hal Zina
* Médecine sportive, Mirkin Dr Gabe
Mon coup de patin, Wild John
Musculation pour tous, Laferrière Serge
Natation de compétition, La, Lacoursière Réjean
Partons en camping, Satterfield Archie et Bauer Eddie
Partons sac au dos, Satterfield Archie et Bauer Eddie
Passes au hockey, Champleau Claude
Pêche à la mouche, La, Marleau Serge
Pêche à la mouche, Vincent Serge-J.
Pêche au Québec, La, Chamberland Michel
* Planche à voile, La, Maillefer Gérald
* Programme XBX, Aviation Royale du Canada
Provencher, le dernier coureur des bois, Provencher Paul
Racquetball, Corbeil Jean
Racquetball plus, Corbeil Jean
Raquette, La, Osgoode William
* Rivières et lacs canotables, Fédération québécoise du canot-camping
* S'améliorer au tennis, Chevalier Richard
Secrets du baseball, Les, Raymond Claude
Ski de fond, Le, Roy Benoît
* Ski de randonnée, Le, Corbeil Jean
Soccer, Le, Schwartz Georges
Stratégie au hockey, Meagher John W.
Surhommes du sport, Les, Desjardins Maurice
* Taxidermie, La, Labrie Jean
Techniques du billard, Morin Pierre
* Technique du golf, Brien Luc
Techniques du hockey en URSS, Dyotte Guy
* Techniques du tennis, Ellwanger
* Tennis, Le, Roch Denis
Tous les secrets de la chasse, Chamberland Michel
Vivre en forêt, Provencher Paul
Voie du guerrier, La, Di Villadorata
Volley-ball, Le, Fédération de volley-ball
Yoga des sphères, Le, Leclerq Bruno

ANIMAUX

Guide du chat et de son maître, Laliberté Robert
Guide du chien et de son maître, Laliberté Robert
Poissons de nos eaux, Melançon Claude

ART CULINAIRE ET DIÉTÉTIQUE

Armoire aux herbes, L', Mary Jean
Breuvages pour diabétiques, Binet Suzanne
Cuisine du jour, La, Pauly Robert
Cuisine sans cholestérol, Boudreau-Pagé
Desserts pour diabétiques, Binet Suzanne
Jus de santé, Les, Brunet Jean-Marc
Mangez ce qui vous chante, Pearson Dr Leo
Mangez, réfléchissez et devenez svelte, Kothkin Leonid
Nutrition de l'athlète, Brunet Jean-Marc
Recettes Soeur Berthe - été, Sansregret soeur Berthe
Recettes Soeur Berthe - printemps, Sansregret soeur Berthe

ARTISANAT/ARTS MÉNAGERS

Diagrammes de courtepointes, Faucher Lucille
Douze cents nouveaux trucs, Grisé-Allard Jeanne
Encore des trucs, Grisé-Allard Jeanne
Mille trucs madame, Grisé-Allard Jeanne
Toujours des trucs, Grisé-Allard Jeanne

DIVERS

Administrateur de la prise de décision, Filiatreault P. et Perreault Y.G.
Administration, développement, Laflamme Marcel
Assemblées délibérantes, Béland Claude
Assoiffés du crédit, Les, Féd. des A.C.E.F.
Baie James, La, Bourassa Robert
Bien s'assurer, Boudreault Carole
Cent ans d'injustice, Hertel François
Ces mains qui vous racontent, Boucher André-Pierre
550 métiers et professions, Charneux Helmy
Coopératives d'habitation, Les, Leduc Murielle
Dangers de l'énergie nucléaire, Les, Brunet Jean-Marc
Dis papa c'est encore loin, Corpatnauy Francis
Dossier pollution, Chaput Marcel
Énergie aujourd'hui et demain, De Martigny François
Entreprise et le marketing, L', Brousseau
Forts de l'Outaouais, Les, Dunn Guillaume
Grève de l'amiante, La, Trudeau Pierre
Hiérarchie ethnique dans la grande entreprise, Rainville Jean
Impossible Québec, Brillant Jacques
Initiation au coopératisme, Béland Claude
Julius Caesar, Roux Jean-Louis
Lapokalipso, Duguay Raoul

Lune de trop, Une, Gagnon Alphonse
Manifeste de l'Infonie, Duguay Raoul
Mouvement coopératif québécois, Deschêne Gaston
Obscénité et liberté, Hébert Jacques
Philosophie du pouvoir, Blais Martin
Pourquoi le bill 60, Gérin-Lajoie P.
Stratégie et organisation, Desforges Jean et Vianney C.
Trois jours en prison, Hébert Jacques
Vers un monde coopératif, Davidovic Georges
Vivre sur la terre, St-Pierre Hélène
Voyage à Terre-Neuve, De Gébineau comte

ENFANCE

Aidez votre enfant à choisir, Simon Dr Sydney B.
Deux caresses par jour, Minden Harold
Être mère, Bombeck Erma
Parents efficaces, Gordon Thomas
Parents gagnants, Nicholson Luree
Psychologie de l'adolescent, Pérusse-Cholette Françoise
1500 prénoms et significations, Grisé Allard J.

ÉSOTÉRISME

* Astrologie et la sexualité, L', Justason Barbara
Astrologie et vous, L', Boucher André-Pierre
* Astrologie pratique, L', Reinicke Wolfgang
Faire se carte du ciel, Filbey John
Grand livre de la cartomancie, Le, Von Lentner G.
* Grand livre des horoscopes chinois, Le, Lau Theodora
Graphologie, La, Cobbert Anne
* Horoscope et énergie psychique, Hamaker-Zondag
Horoscope chinois, Del Sol Paula
Lu dans les cartes, Jones Marthy
* Pendule et baguette, Kirchner Georg
* Pratique du tarot, La, Thierens E.
Preuves de l'astrologie, Comiré André
Qui êtes-vous? L'astrologie répond, Tiphaine
Synastrie, La, Thornton Penny Traité d'astrologie, Hirsig Huguette
Votre destin par les cartes, Dee Nerys

HISTOIRE

Administration en Nouvelle-France, L', Lanctot Gustave
Histoire de Rougemont, Bédard Suzanne
Lutte pour l'information, La, Godin Pierre
Mémoires politiques, Chaloult René
Rébellion de 1837, Saint-Eustache, Globensky Maximillien
Relations des Jésuites T.2
Relations des Jésuites T.3
Relations des Jésuites T.4
Relations des Jésuites T.5

JEUX/DIVERTISSEMENTS

Backgammon, Lesage Denis

LINGUISTIQUE

Des mots et des phrases, T. 1,, Dagenais Gérard
Des mots et des phrases, T. 2, Dagenais Gérard
Joual de Troie, Marcel Jean

NOTRE TRADITION

Ah mes aïeux, Hébert Jacques

Lettre à un Français qui veut émigrer au Québec, Dubuc Carl

OUVRAGES DE RÉFÉRENCE

Petit répertoire des excuses, Le, Charbonneau Christine et Caron Nelson

Règles d'or de la vente, Les, Kahn George N.

PSYCHOLOGIE

* **Adieu,** Halpern Dr Howard
Adieu Tarzan, Frank Helen
* **Agressivité créatrice,** Bach Dr George
Aimer, c'est choisir d'être heureux, Kaufman Barry Neil
* **Aimer son prochain comme soi-même,** Murphy Joseph
* **Anti-stress, L',** Eylat Odette
Arrête! tu m'exaspères, Bach Dr George
Art d'engager la conversation et de se faire des amis, L', Grabor Don
* **Art de convaincre, L',** Ryborz Heinz
* **Art d'être égoïste, L',** Kirschner Joseph
* **Au centre de soi,** Gendlin Dr Eugène
* **Auto-hypnose, L',** Le Cron M. Leslie
Autre femme, L', Sevigny Hélène
Bains Flottants, Les, Hutchison Michael
* **Bien dans sa peau grâce à la technique Alexander,** Stransky Judith
Ces hommes qui ne communiquent pas, Naifeh S. et White S.G.
Ces vérités vont changer votre vie, Murphy Joseph
Chemin infaillible du succès, Le, Stone W. Clément
Clefs de la confiance, Les, Gibb Dr Jack
Comment aimer vivre seul, Shanon Lynn
* **Comment devenir des parents doués,** Lewis David
* **Comment dominer et influencer les autres,** Gabriel H.W.
Comment s'arrêter de fumer, McFarland J. Wayne
* **Comment vaincre la timidité en amour,** Weber Éric
Contacts en or avec votre clientèle, Sapin Gold Carol
* **Contrôle de soi par la relaxation,** Marcotte Claude
* **Couple homosexuel, Le,** McWhirter David P. et Mattison Andres M.
* **Devenir autonome,** St-Armand Yves
* **Dire oui à l'amour,** Buscaglia Léo
* **Ennemis intimes,** Bach Dr George
États d'esprit, Glasser Dr William**Être efficace,** Hanot Marc
Être homme, Goldberg Dr Herb
Famille moderne et son avenir, La, Richar Lyn
Gagner le match, Gallwey Timothy
Gestalt, La, Polster Erving

Guide du succès, Le, Hopkins Tom
Harmonie, une poursuite du succès, L' Vincent Raymond
* **Homme au dessert, Un,** Friedman Sonya
Homme en devenir, L', Houston Jean
* **Homme nouveau, L', Bodymind,** Dychtwald Ken
Influence de la couleur, L', Wood Betty
* **Jouer le tout pour le tout,** Frederick Carl
Maigrir sans obsession, Orback Suisie
Maîtriser la douleur, Bogin Meg
Maîtriser son destin, Kirschner Joseph
Manifester son affection, Bach Dr George
* **Mémoire, La,** Loftus Elizabeth
* **Mémoire à tout âge, La,** Dereskey Ladislaus
* **Mère et fille,** Horwick Kathleen
* **Miracle de votre esprit,** Murphy Joseph
* **Négocier entre vaincre et convaincre,** Warschaw Dr Tessa
Nouvelles Relations entre hommes et femmes, Goldberg Herb
On n'a rien pour rien, Vincent Raymond
* **Oracle de votre subconscient, L,** Murphy Joseph
Parapsychologie, La, Ryzl Milan
* **Parlez pour qu'on vous écoute,** Brien Micheline
* **Partenaires,** Bach Dr George
* **Pensée constructive et bon sens,** Vincent Dr Raymond
Personnalité, La, Buscaglia Léo
Personne n'est parfait, Weisinger Dr H.
Pourquoi ne pleures-tu pas?, Yahraes Herbert, McKnew Donald H. Jr., Cytryn Leon
Pourquoi remettre à plus tard? Burka Jane B. et Yuen L. M.
Pouvoir de votre cerveau, Le, Brown Barbara
Prospérité, La, Roy Maurice
* **Psy-jeux,** Masters Robert
* **Puissance de votre subconscient, La,** Murphy Dr Joseph
Reconquête de soi, La, Paupst Dr James C.
* **Réfléchissez et devenez riche,** Hill Napoléon
* **Réussir,** Hanot Marc
Rythmes de votre corps, Les, Weston Lee

S'aimer ou le défi des relations humaines, Buscaglia Léo*
Se vider dans la vie et au travail, Pines Ayala M.
* **Secrets de la communication,** Bandler Richard
Sous le masque du succès, Harvey Joan C. et Datz Cynthia
* **Succès par la pensée constructive, Le,** Hill Napoléon
Technostress, Brod Craig
* **Thérapies au féminin, Les,** Brunel Dominique
Tout ce qu'il y a de mieux, Vincent Raymond
Triomphez de vous-même et des autres, Murphy Dr Joseph
Univers de mon subsconscient, L', Dr Ray Vincent
Vaincre la dépression par la volonté et l'action, Marcotte Claude
Vers le succès, Kassoria Dr Irène C.
* **Vieillir en beauté,** Oberleder Muriel
Vivre avec les imperfections de l'autre, Janda Dr Louis H.
* **Vivre c'est vendre,** Chaput Jean-Marc
* **Vivre heureux avec le strict nécessaire,** Kirschner Josef
Votre perception extra sensorielle, Milan Dr Ryzl
Votre talon d'Achille, Bloomfield Dr. Harold

ROMANS/ESSAIS

À la mort de mes 20 ans, Gagnon P.O.
Affrontement, L', Lamoureux Henri
Bois brûlé, Roux Jean-Louis
100 000e exemplaire, Le, Dufresne Jacques
C't'a ton tour Laura Cadieux, Tremblay Michel
Cité dans l'oeuf, La, Tremblay Michel
Coeur de la baleine bleue, Le Poulin Jacques
Coffret petit jour, Martucci Abbé Jean
Colin-Maillard, Hémon Louis
Contes pour buveurs attardés, Tremblay Michel
Contes érotiques indiens, Schwart Herbert
Crise d'octobre, Pelletier Gérard
Cyrille Vaillancourt, Lamarche Jacques
Desjardins Al., Homme au service, Lamarche Jacques
De Z à A, Losique Serge
Deux Millième étage, Le, CarrierRoch
D'Iberville, Pellerin Jean
Dragon d'eau, Le, Holland R.F.
Équilibre instable, L', Deniset Louis
Éternellement vôtre, Péloquin Claude
Femme d'aujourd'hui, La, Landsberg Michele
Femme de demain, Keeton Kathy
Femmes et politique, Cohen Yolande
Filles de joie et filles du roi, Lanctot Gustave
Floralie où es-tu, Carrier Roch
Fou, Le, Châtillon Pierre
Français langue du Québec, Le, Laurin Camille
Hommes forts du Québec, Weider Ben
Il est par là le soleil, Carrier Roch
J'ai le goût de vivre, Delisle Isabelle
J'avais oublié que l'amour, Doré-Joyal Yves
Jean-Paul ou les hasards de la vie, Bellier Marcel
Johnny Bungalow, Villeneuve Paul
Jolis Deuils, Carrier Roch
Lettres d'amour, Champagne Maurice
Louis Riel patriote, Bowsfield Hartwell
Louis Riel un homme à pendre, Osier E.B.
Ma chienne de vie, Labrosse Jean-Guy
Marche du bonheur, La, Gilbert Normand
Mémoires d'un Esquimau, Metayer Maurice
Mon cheval pour un royaume, Poulin J.
Neige et le feu, La, Baillargeon Pierre
N'Tsuk, Thériault Yves
Opération Orchidée, Villon Christiane
Orphelin esclave de notre monde, Labrosse Jean
Oslovik fait la bombe, Oslovik
Parlez-moi d'humour, Hudon Normand
Scandale est nécessaire, Le, Baillargeon Pierre
Vivre en amour, Delisle Lapierre

SANTÉ

Alcool et la nutrition, L', Brunet Jean-Marc
Bruit et la santé, Le, Brunet Jean-Marc
Chaleur peut vous guérir, La, Brunet Jean-Marc
Échec au vieillissement prématuré, Blais J.
Greffe des cheveux vivants, Guy Dr
Guérir votre foie, Jean-Marc Brunet
Information santé, Brunet Jean-Marc
Magie en médecine, Sylva Raymond
Maigrir naturellement, Lauzon Jean-Luc
Mort lente par le sucre, Duruisseau Jean-Paul
40 ans, âge d'or, Taylor Eric
Recettes naturistes pour arthritiques et rhumatisants, Cuillerier Luc
Santé de l'arthritique et du rhumatisant, Labelle Yvan
* **Tao de longue vie, Le,** Soo Chee
Vaincre l'insomnie, Filion Michel,Boisvert Jean-Marie, Melanson Danielle
Vos aliments sont empoisonnés, Leduc Paul

SEXOLOGIE

* **Aimer les hommes pour toutes sortes de bonnes raisons,** Nir Dr Yehuda
* **Apprentissage sexuel au féminin, L',** Kassoria Irene
* **Comment faire l'amour à la même personne pour le reste de votre vie,** O'Connor Dagmar
* **Comment faire l'amour à un homme,** Penney Alexandra
* **Comment faire l'amour ensemble,** Penney Alexandra
Dépression nerveuse et le corps, La, Lowen Dr Alexander
Drogues, Les, Boutot Bruno
* **Femme célibataire et la sexualité, La,** Robert M.
* **Jeux de nuit,** Bruchez Chantal
Magie du sexe, La, Penney Alexandra
* **Massage en profondeur, Le,** Bélair Michel
Massage pour tous, Le, Morand Gilles
Première fois, La, L'Heureux Christine
Rapport sur l'amour et la sexualité, Brecher Edward
Sexualité expliquée aux adolescents, La, Boudreau Yves
Sexualité expliquée aux enfants, La, Cholette Pérusse F.

SPORTS

Baseball-Montréal, Leblanc Bertrand
Chasse au Québec, Deyglun Serge
Chasse et gibier du Québec, Guardon Greg
Exercice physique pour tous, Bohemier Guy
Grande forme, Baer Brigitte
Guide des pistes cyclables, Guy Côté
Guide des rivières du Québec, Fédération canot-kayac
Lecture des cartes, Godin Serge
Offensive rouge, L', Boulonne Gérard
Pêche et coopération au Québec, Larocque Paul
Pêche sportive au Québec, Deyglun Serge
Raquette, La, Lortie Gérard
Santé par le yoga, Piuze Suzanne
Saumon, Le, Dubé Jean-Paul
Ski nordique de randonnée, Brady Michael
Technique canadienne de ski, O'Connor Lorne
Truite et la pêche à la mouche, La, Ruel Jeannot
Voile, un jeu d'enfants, La, Brunet Mario

ROMANS/ESSAIS/THÉATRE

Andersen Marguerite,
De mémoire de femme
Aquin Hubert,
Blocs erratiques
Archambault Gilles,
La fleur aux dents
Les pins parasols
Plaisirs de la mélancolie
Atwood Margaret,
Les danseuses et autres nouvelles
La femme comestible
Marquée au corps
Audet Noël,
Ah, L'amour l'amour
Baillie Robert,
La couvade
Des filles de beauté
Barcelo François,
Agénor, Agénor, Agénor et Agénor
Beaudin Beaupré Aline,
L'aventure de Blanche Morti
Beaudry Marguerite,
Tout un été l'hiver
Beaulieu Germaine,
Sortie d'elle(s) mutante

Beaulieu Michel,
Je tourne en rond mais c'est autour de toi
La représentation
Sylvie Stone
Bilodeau Camille,
Une ombre derrière le coeur
Blais Marie-Claire,
L'océan suivi de Murmures
Une liaison parisienne
Bosco Monique,
Charles Lévy M.S.
Schabbat
Bouchard Claude,
La mort après la mort
Brodeur Hélène,
Entre l'aube et le jour
Brossard Nicole,
Armantes
French Kiss
Sold Out
Un livre
Brouillet Chrystine,
Chère voisine
Coup de foudre
Callaghan Barry,
Les livres de Hogg
Cayla Henri,
Le pan-cul
Dahan Andrée,
Le printemps peut attendre
De Lamirande Claire,
Le grand élixir
Dubé Danielle,
Les olives noires
Dessureault Guy,
La maîtresse d'école
Dropaôtt Papartchou,
Salut Bonhomme
Doerkson Margaret, Jazzy
Dubé Marcel,
Un simple soldat
Dussault Jean,
Le corps vêtu de mots
Essai sur l'hindouisme
L'orbe du désir
Pour une civilisation du plaisir
Engel Marian,
L'ours
Fontaine Rachel,
Black Magic
Forest Jean,
L'aube de Suse
Le mur de Berlin P.Q.
Nourrice!... Nourrice!...
Garneau Jacques,
Difficiles lettres d'amour
Gélinas Gratien,
Bousille et les justes
Fridolinades, T.1 (1945-1946)
Fridolinades, T.2 (1943-1944)
Fridolinades, T.3 (1941-1942)
Ti-Coq
Gendron Marc,
Jérémie ou le Bal des pupilles
Gevry Gérard,
L'homme sous vos pieds
L'été sans retour
Godbout Jacques,
Le réformiste
Harel Jean-Pierre,
Silences à voix haute
Hébert François,
Holyoke
Le rendez-vous
Hébert Louis-Philippe,
La manufacture de machines
Manuscrit trouvé dans une valise
Hogue Jacqueline,
Aube
Huot Cécile,
Entretiens avec Omer
Létourneau
Jasmin Claude,
Et puis tout est silence
Laberge Albert,
La scouine
Lafrenière Joseph,
Carolie printemps
L'après-guerre de l'amour
Lalonde Robert,
La belle épouvante
Lamarche Claude,
Confessions d'un enfant d'un demi-siècle
Je me veux
Lapierre René,
Hubert Aquin
Larche Marcel,
So Uk
Larose Jean,
Le mythe de Nelligan
Latour Chrystine,
La dernière chaîne
Le mauvais frère
Le triangle brisé
Tout le portrait de sa mère
Lavigne Nicole,
Le grand rêve de madame Wagner
Lavoie Gaëtan,
Le mensonge de Maillard
Leblanc Louise,
Pop Corn
37 1/2AA

Marchessault Jovette,
La mère des herbes
Marcotte Gilles,
La littérature et le reste
Marteau Robert,
Entre temps
Martel Émile,
Les gants jetés
Martel Pierre,
Y'a pas de métro à Gélude-La-Roche
Monette Madeleine,
Le double suspect
Petites violences
Monfils Nadine,
Laura Colombe, contes
La velue
Ouellette Fernand,
La mort vive
Tu regardais intensément Geneviève
Paquin Carole,
Une esclave bien payée
Paré Paul,
L'improbable autopsie
Pavel Thomas,
Le miroir persan
Poupart Jean-Marie,
Bourru mouillé
Robert Suzanne,
Les trois soeurs de personneVulpera
Robertson Heat,
Beauté tragique
Ross Rolande,
Le long des paupières brunes
Roy Gabrielle,
Fragiles lumières de la terre
Saint-Georges Gérard,
1, place du Québec Paris VIe
Sansfaçon Jean-Robert,
Loft Story
Saurel Pierre,
IXE-13
Savoie Roger,
Le philosophe chat
Svirsky Grigori,
Tragédie polaire, nouvelles
Szucsany Désirée,
La passe
Thériault Yves,
Aaron
Agaguk
Le dompteur d'ours
La fille laide
Les vendeurs du temple
Turgeon Pierre,
Faire sa mort comme faire l'amour
La première personne
Prochainement sur cet écran
Un, deux, trois
Trudel Sylvain,
Le souffle de l'Harmattan
Vigneault Réjean,
Baby-boomers

COLLECTIFS DE NOUVELLES

Fuites et poursuites
Dix contes et nouvelles fantastiques
Dix nouvelles humoristiques
Dix nouvelles de science-fiction québécoise
Aimer
Crever l'écran

LIVRES DE POCHES 10/10

Aquin Hubert,
Blocs erratiques
Brouillet Chrystine,
Chère voisine
Dubé Marcel,
Un simple soldat
Gélinas Gratien,
Bousille et les justes
Ti-Coq
Harvey Jean-Charles,
Les demi-civilisés
Laberge Albert,
La scouine
Thériault Yves,
Aaron
Agaguk
Cul-de-sac
La fille laide
Le dernier havre
Le temps du carcajou
Tayaout

Turgeon Pierre,
Faire sa mort comme faire l'amour
La première personne

NOTRE TRADITION

Aucoin Gérard,
L'oiseau de la vérité
Bergeron Bertrand,
Les barbes-bleues
Deschênes Donald,
C'était la plus jolie des filles
Desjardins Philémon et Gilles Lamontagne,
Le corbeau du mont de la Jeunesse
Dupont Jean-Claude,
Contes de bûcherons
Gauthier Chassé Hélène,
À diable-vent
Laforte Conrad,
Menteries drôles et merveilleuse
Légaré Clément,
La bête à sept têtes
Pierre La Fève

DIVERS

A.S.D.E.Q.,
Québec et ses partenaires
Qui décide au Québec?
Bailey Arthur,
Pour une économie du bon sens
Bergeron Gérard,
Indépendance oui mais
Bowering George,
En eaux trouble
Boissonnault Pierre,
L'hybride abattu
Collectif Clio,
L'histoire des femmes au Québec
Clavel Maurice,
Dieu est Dieu nom de Dieu
Centre des dirigeants d'entreprise,
Relations du travail
Creighton Donald,
Canada - Les débuts
héroiques
De Lamirande Claire,
Papineau
Dupont Pierre,
15 novembre 76
Dupont Pierre et Gisèle Tremblay,
Les syndicats en crise
Fontaine Mario
Tout sur les p'tits journaux z'artistiques
Gagnon G., A. Sicotte et G. Bourrassa,
Tant que le monde s'ouvrira
Gamma groupe,
La société de conservation
Garfinkel Bernie,
Liv Ullmann Ingmar Bergman
Genuist Paul,
La faillite du Canada anglais
Haley Louise,
Le ciel de mon pays, T.1
Le ciel de mon pays, T.2
Harbron John D.,
Le Québec sans le Canada
Hébert Jacques et Maurice F. Strong,
Le grand branle-bas
Matte René,
Nouveau Canada à notre mesure
Monnet François-Mario,
Le défi québécois
Mosher Terry-Ailsin,
L'humour d'Aislin
Pichette Jean,
Guide raisonné des jurons
Powell Robert,
L'esprit libre
Roy Jean,
Montréal ville d'avenir
Sanger Clyde,
Sauver le monde
Schirm François,
Personne ne voudra savoir
Therrien Paul,
Les mémoires de J.E.Bernier

Achevé d'imprimer au Canada
Imprimerie Gagné Ltée Louiseville